Mountainbike-Führer

Mountainbike-Erlebnis Berner Oberland
Die 50 schönsten Rundtouren

Beat Kälin • Sonja Gerber Kälin

ISBN:	3-9520797-2-3
Autor:	Beat Kälin
Konzept:	Vital Eggenberger
Fotos:	Beat Kälin/Sonja Gerber Kälin/Jürg Nigg
Skizzen:	Sonja Gerber Kälin
Satz, Druck:	Vögeli AG, Druckzentrum, Langnau
Titelseite:	Aeschiallmi, Tour 31
4. Umschlagseite:	Gamchi, Tour 24

Alle Touren sind sorgfältig ausgesucht und zusammengestellt worden. Die Routen wurden vom Autor abgefahren, beschrieben und durch Sonja Gerber Kälin skizziert (Stand 2005). Höhenangaben und Distanzen wurden anhand der Karten und im Gelände ermittelt und geprüft. Trotzdem kann eine Gewähr für die Richtigkeit der Angaben nicht gegeben werden. Gewisse Wegabschnitte unterliegen einem allgemeinen Fahrverbot oder befinden sich in einem empfindlichen Naturschutzgebiet. Bei Gesetzesübertretung ist eine Haftung des Autors und des Verlegers ausgeschlossen.

© 2006

Band 1 Graubünden (1993/1997)
Band 2 Ostschweiz und Vorarlberg (1995)
Band 3 Ticino (1996)
Band 4 Berner Oberland (1997/2006)
Band 5 Zentralschweiz (1998)
Band 6 Préalpes ouest et Emmental (1999)
Band 7 Wallis/Valais (2000)
Band 8 Schweizer Alpen West (2003)
Band 9 Schweizer Alpen Ost (2006)

Mountainbike-Erlebnis
Berner Oberland

Beat Kälin • Sonja Gerber Kälin

Inhalt

Vorwort	7
Verhaltensregeln	9
Benützerhinweis	11
Telefonnummern	15
Zeichenerklärung	16
Übersichtskarte	18
Routenverzeichnis	19

Gstaad/Saanenland–Lenk/Obersimmental

1 Losegg–Turbach	24
2 Eggli–Pra Cluen	26
3 Walliser Wispile–Lauenensee	30
4 Rellerligrat	31
5 Chaltebrunne	35
6 Rüwlispass	39
7 Sparenmoos–Schiltenegg	42
8 Hundsrügg	46
9 Seewle–Färmeltal	47
10 Betelberg–Metsch	51
11 Fromatt	54
12 Lasenberg–Flöschhorn	57
13 Seebergsee	60
14 Stiereberg	63

Niedersimmental–Diemtigtal

15 Niederhorn	70
16 Morgete–Lochegg	72
17 Turnen	75
18 Tschuggen–Entschwil	80
19 Chirel–Hohniesen	81
20 Obers Heiti	85

Frutigland–Adelboden/Kandersteg

21 Wätterlatte	90
22 Kiental–Suld	94
23 Latrejenfeld	95
24 Griesalp–Gamchi	98
25 Gasteretal–Nordrampe	107
26 Wyssenmatti	109
27 Sillerebühl–Truniggrat	112
28 Cholere–Alp Metsch	116
29 Spisse-Lisi	117
30 Elsige-Panoramaweg	121

Thunersee

31 Aeschiallmi–Leissigbärgli	128
32 Blueme	129
33 Sichle	133
34 Waldegg	136
35 Grüenenbergpass	139

Jungfrauregion

36 Lombachalp	148
37 Mürren–Stechelberg	149
38 Grosse Scheidegg	153
39 Kleine Scheidegg	160
40 Bachalp–First	165
41 Grindelwald-Panorama	169
42 Brienzersee	173

Alpenregion–Brienz/Meiringen/Hasliberg

43 Hinterburg	180
44 Geieggen–Bauwald	181
45 Brüniger Älpeli	185
46 Wandelalp	188
47 Hasliberg	191
48 Gibel	195
49 Gental–Engstlenalp	199
50 Understock–Guttannen	205

Vorwort

Das Berner Oberland ist bekannt als Pioniergebiet des Sommer- und Wintertourismus. Das Tourenvelofahren hat im Oberland Ende der 80er Jahre durch markierte Velorouten einen beachtlichen Aufschwung erlebt. Das Mountainbiken konnte erst in den 90er Jahren einen festen Platz im Tourismusangebot einnehmen. 1997 füllte die erste Auflage dieses Bike-Führers eine Informationslücke. Seither sind verschiedene andere Angebote auf dem Medienmarkt erschienen. Die Nachfrage nach diesem Standardwerk blieb unverändert gross, so dass wir uns 2005 für eine erweiterte und überarbeitete Neuauflage entschieden.
Wir haben auch bei den neuen Touren versucht, möglichst viel auf Nebenstrassen zu fahren, verkehrsreiche Strassen zu meiden und viel begangene Wanderwege oder wegloses Gelände nur als Verbindung zu benützen. Die Touren sind so gewählt, dass sowohl das Sportliche als auch das Naturerlebnis gleichermassen enthalten sind. Heutzutage werden schwierigere Touren gefahren als noch Mitte der 90er Jahre. Wir haben die Skala von 1–4 und die Bewertung beibehalten, die auf das Touren-Biken ausgelegt ist.
Danken möchte ich all jenen, die mir durch Hinweise über Wegänderungen behilflich waren. Ohne die aufwändige zeichnerische Handarbeit meiner Frau Sonja hätte dieser Führer weder überarbeitet noch erweitert aufgelegt werden können. Ein besonderer Dank geht an Toni Mürner, der mir diverse Tipps zu Touren im Kiental gab und Jürg Nigg, der mich auf Touren begleitete, Fotos beisteuerte und das Titelbild gestaltete. Fotos hat auch Vital Eggenberger aus seinem grossen Fundus beigesteuert.

Zwischen der ersten und der zweiten Ausgabe liegen 9 Jahre. Der Lothar-Sturm von 1999 und die Hochwasserereignisse vom August 2005 haben ganze Wegabschnitte unpassierbar gemacht. Vereinzelte Wegstrecken wurden aufgegeben oder sind verändert worden, neue Strassen wurden gebaut. Der Bike-Führer musste teilweise aktualisiert und aufgrund der LK 1:25'000 überprüft werden. Trotzdem ist es möglich, dass einzelne veränderte Wegabschnitte nicht erfasst wurden.
Die Tour Gental–Engstlenalp über die Hundschipfi ist in der ursprünglichen Fahrtrichtung mit Aufstieg auf dem Bergweg über Baumgarten für viele zu anstrengend und zudem gefährlich. Sie wurde deshalb geändert.
10 neue Rundtouren sind dazu gekommen, die bis zum Herbst 2005 abgefahren wurden, teilweise noch vor dem August-Ereignis.

Mai 2006
Beat Kälin

Verhaltensregeln

Mit dem Mountainbike bewegen wir uns in einem Lebensraum, wo Rücksicht und Toleranz gegenüber Mensch und Natur erstes Gebot ist. Konflikte zwischen Wanderern, Forstleuten und Bauern müssen nicht sein. Es liegt an uns, durch richtiges Verhalten für ein friedliches Miteinander zu sorgen. Nur wenn wir die grundlegenden Regeln beherzigen, wenn wir das richtige Verständnis gegenüber Tier- und Pflanzenwelt aufbringen, wird jede Biketour zu einem unvergesslichen Erlebnis.

Benütze nur ein technisch einwandfreies Velo
Überprüfe vor jeder Tour sorgfältig Bremsen, Schaltung, Reifen und Kabelzüge. Man erspart sich unterwegs viel Ärger und das Unfallrisiko durch technisches Versagen ist weitgehend ausgeschlossen.

Fahre nicht querfeldein
Benütze Fahrwege oder beschilderte Routen. Alpweiden, Hoch- und Flachmoore sowie Wälder dürfen nicht befahren werden. Auf einigen Touren war es notwendig, Abschnitte über schmale Wege zu führen, um Anschluss an einen Fahrweg zu haben oder um stark befahrene Strassen zu umgehen. Diese Wegabschnitte sind oft zu Fuss zurückzulegen und sind in den Skizzen und im Höhenprofil als Fussweg vermerkt.

Nimm Rücksicht auf andere Wegbenützer
Fussgänger haben immer den Vorrang. Fahre deshalb rücksichtsvoll und mit angemessener Geschwindigkeit. Hast du Wanderer vor dir, reduziere auf Schritttempo und mach dich frühzeitig bemerkbar (eine Glocke wird bei Fussgängern akzeptiert). Auf schmalen Wegen steige vom Bike und lass dem Wanderer den Vortritt. Sei freundlich und gib keinen Anlass zum Unmut.

Respektiere Fauna und Flora
Fahre wenn möglich nicht in der Dämmerung und lass dem Wild seine Ruhe! Die Routen dieses Führers sind keine Rennstrecken. Fahre deshalb beherrscht und hinterlasse keine Bremsspuren. Trage Sorge zur Natur und lass keine Abfälle zurück. Störe nicht weidende Tiere, schliesse Zäune und Weidegatter.

Benütze wenn möglich die öffentlichen Verkehrsmittel
Abgesehen von vier Ausnahmen beginnen die Rundtouren am Bahnhof des jeweiligen Ausgangsortes. Velotransport (Selbstverlad) ist für wenige Franken bei den Bahnen auf fast allen Zügen und bei den Schiffsbetrieben möglich, jedoch nur eingeschränkt bei den Busbetrieben. Der Busbetrieb nach Adelboden (Tour 27, 28) ist für den Velotransport gut eingerichtet (je Kurs

6–10 Velos). Die STI-Betriebe befördern je Kurs max. 3 Velos; mehr nur nach Rücksprache (Tour Nr. 33, 35). In jedem Fall empfiehlt sich eine Anfrage (vgl. Telefon-Nummern).

Befolge Anweisungen
Beachte und befolge die Anweisungen des Forst- und Alpenpersonals. In gewissen Gebieten können vor allem im Herbst militärische Schiessübungen stattfinden, wenn die Alpen entladen sind. Neben den offiziellen Schiessanzeigen informieren die regionalen Auskunftsstellen über militärische Schiessen (RAMS). Diese erteilen Auskunft über Sperrgebiete, Sperrzeiten und Umgehungsmöglichkeiten. Einzelne Wege können als Folge von Naturereignissen unterbrochen oder aus Sicherheitsgründen gesperrt sein.

Benützerhinweis

Gebiet
Der Führer beschreibt 50 MTB-Rundtouren im Berner Oberland, zwischen Sustenpass und Col du Pillon.

Der Bikeführer ist in 6 Gebiete unterteilt.
- Gstaad/Sannenland–Lenk/Obersimmental   14 Touren
- Niedersimmental–Diemtigtal   6 Touren
- Frutigland–Adelboden/Kandersteg   10 Touren
- Thunersee   5 Touren
- Jungfrauregion   7 Touren
- Alpenregion–Brienz/Meiringen/Hasliberg   8 Touren

Karten
Die verwendeten Orts- und Flurnamen sind den aktuellen Ausgaben der Landeskarten 1:25'000 entnommen. Bekanntlich entspricht die Schreibweise dieser Karten der jeweiligen Mundart.
Es ist möglich, die Routen nur mit Hilfe der Skizzen dieses Führers zu befahren. Für eine grossräumige Übersicht ist die Mitnahme einer Karte 1:50'000 empfehlenswert. Die folgenden Karten decken das gesamte Tourengebiet ab:
- Zusammensetzungen   5004, 5009
- Einzelblätter   253, 254, 255

Routen
Die meisten Routen nehmen ihren Anfang an einem Bahnhof. Die Vorschläge sind als Rundtouren beschrieben, führen also alle zum Ausgangspunkt zurück. Viele Touren können auch miteinander kombiniert oder als Halbtagestouren befahren werden. Da es sich teilweise um längere Ausflüge handelt, sind auch Abkürzungen erwähnt. Die beschriebene Fahrtrichtung wird empfohlen.

Markierte MTB-Routen
Einzelne Gemeinden und Regionen haben MTB-Routen markiert, die meistens den gleichen Weg für den Aufstieg und die Talfahrt benützen. Diverse in diesem Führer beschriebene Rundtouren sind abschnittsweise identisch. Für die Verweise auf markierte Routen kann jedoch keine Gewähr auf Übereinstimmung gegeben werden.

Ausrüstung
Es ist jeweils zu überlegen, was für die Sicherheit bzw. den Komfort mitgenommen werden soll. Zur Normalausrüstung gehören neben Werk- und Flickzeug eine Luftpumpe, Reserveschlauch, Taschenlampe, Proviant, Trinkflasche, Ersatzwäsche, Wind- und Regenschutz, Brille, Handschuhe, Helm und eine Taschenapotheke. Für das bessere Auffinden der Routen sind ein Radcomputer und ein Höhenmesser empfehlenswert (wichtige Abzweigungen sind mit einer Höhenangabe versehen). Daneben ist natürlich ein einwandfrei gewartetes Mountainbike die wichtigste Voraussetzung. Ein GPS ist weder erforderlich noch allein genügend zuverlässig (Wald, steiles Gelände).

Beste Jahreszeit
Einzelne Touren in tieferen Lagen und an Südhängen können unter idealen Umständen das ganze Jahr befahren werden. In der Höhe an schattiger Lage können Schneefelder bis gegen Ende Juni vorkommen. Die beste Tourenzeit beginnt nach der grossen Schneeschmelze im Juni und dauert bis gegen Ende Oktober.

Routenbeschreibung
Die allgemeine Charakterisierung einer Tour ist immer subjektiv. Trotzdem gibt sie neben einem allgemeinen Überblick wertvolle Hinweise über Wegbeschaffenheit, Anforderung an die Kondition, Tragestrecken, Gefahrenstellen, etc.

Schwierigkeitsbewertung
Diese Angaben bedeuten eine Kombination aus fahrtechnischen Schwierigkeiten, Distanz und Höhendifferenz sowie der Wegbeschaffenheit. Voraussetzung sind bestmögliche Wegverhältnisse. Aufgeweichte Wege, Schnee oder vom Regen ausgewaschene Naturstrassen können die Anforderungen an Technik und Kondition des Bikers erheblich erhöhen. Das gilt auch für andere Einflüsse wie Hitze, Kälte oder Wind. Auch leichte MTB-Touren sollten nicht unvorbereitet unternommen werden. Hinweis: Wege können nach Stürmen oder Extremniederschlägen für längere Zeit unterbrochen sein. Informieren Sie sich im lokalen Tourismusbüro oder bei der Gemeinde.

1 Leichte Tour
Fahrtechnisch einfach. Vorwiegend Asphalt- oder Naturstrassen. Aufgrund der Streckenlänge und des zu bewältigenden Höhenunterschieds keine allzu grossen Anforderungen. Kurze, steile Passagen bis 15% möglich.

2 Mittelschwere Tour
Fahrtechnisch schwieriger. Vorwiegend Asphalt- und Naturstrassen, einige Abschnitte recht ruppig, kurze Tragestrecken möglich. Grösserer Kraftaufwand erforderlich, da längere Abschnitte in grosser Steilheit zu bewältigen sind. Bestes Training für schwere Unternehmungen.

3 Schwere Tour
Fahrtechnisch schwierige Tour, vorwiegend Naturstrassen und Pfade von unterschiedlicher Qualität. Grosse Höhenunterschiede mit langen, steilen Passagen im Aufstieg und/oder schwierigen Talfahrten. Längere Tragestrecken möglich. Ausgezeichnete Kondition notwendig.

4 Extrem-Tour
Fahrtechnisch sehr schwierige Tour. Vorwiegend Naturstrassen und Pfade von verschiedener, zum Teil schlechter Beschaffenheit sowie mit exponierten Stellen. Grosse Höhenunterschiede mit langen, extrem steilen Aufstiegen und Abfahrten. Beste Kondition und entsprechende alpine Erfahrung sind Voraussetzung. Sollte aus Sicherheitsgründen mindestens zu zweit unternommen werden.

Ausgangsort
Bis auf wenige Ausnahmen ist der jeweilige Ausgangsort sehr gut mit öffentlichen Verkehrsmitteln (Bahn/Bus) zu erreichen.

Höhendifferenz
Die Höhendifferenz gibt den zu bewältigenden Höhenunterschied im Aufstieg an. Die Berechnung erfolgt aufgrund eigener Messungen sowie der Karte.

Distanz und Fahrzeit
Die Tourenlänge in Kilometer beinhaltet auch eventuelle Trag- und Schiebestrecken. Die Länge der Tour sollte immer in Kombination mit den zu bewältigenden Höhenmetern, der Wegbeschaffenheit und den Witterungsverhältnissen betrachtet werden. Die angegebenen Zeiten sind reine Fahrzeiten ohne Pausen und sind als Richtwerte zu verstehen.

Variante/Alternative
Es wurden nur lohnende Varianten und bei langen Touren Abkürzungen angegeben. Andererseits wird auf Alternativen hingewiesen, die nach Lust und Laune angehängt werden können.

Routenskizzen
Auf eine detaillierte Routenbeschreibung in Worten wurde bewusst verzichtet, da alle wichtigen Informationen aus Beschreibungskopf, Routenskizze und Höhenprofil ersichtlich sind. Die Routenskizzen wurden mit Sorgfalt im Massstab 1:50'000 gezeichnet. Schwierig zu findende Wegverzweigungen sind detailliert dargestellt (Fenster).

Höhenprofil
Damit die Steigungen besser ersichtlich sind, wurden die Profile 10fach überhöht gezeichnet. Eine integrierte Tabelle gibt Auskunft über Distanz, Höhenmeter und Fahrzeit. Steigungsprozente und Trag- bzw. Schiebestrecken sind ebenfalls vermerkt.

Berichtigungen und Ergänzungen
Neue Wege und Wegausbauten, Sperrungen oder Unterbrüche in Folge von Unwetterschäden können eine Tour erheblich beeinflussen. Solche Hinweise und Tipps zu Umgehungen sind dem Verlag zu melden und können später im Internet abgerufen werden.
E-Mail: climbike@bluewin.ch, www.climbandbike.ch

Telefonnummern

Unfälle
Polizeinotruf	117
Sanitätsnotruf	144
Schweizerische Rettungsflugwacht (REGA)	1414
Air-Glacier	1415

Wetter
Wetterprognose	162
Strassenzustand, Verkehrsinformationen	163
Spezialwetterbericht	0900 55 21 11
Alpenwetterbericht	0900 55 21 38
Individuelle Wetterauskünfte:	
Meteo Zürich	0900 16 23 33
Meteotest Bern	0900 57 61 52

Militär
Regionale Auskunftsstellen über militärische Schiessen (RAMS):
Koordinationsstelle Bern　　　　　　　　　　　　031 324 25 25

Bus- und Schiffsbetriebe
SBB Rail Service (Fahrplanauskunft)	0900 300 300
Automobilverkehr Frutigen-Adelboden AG	033 673 74 74
Verkehrsbetriebe STI, Thun	033 225 13 13
Schiffsbetrieb BLS Thuner- und Brienzersee	033 222 21 26

Zeichenerklärung

		Asphaltstrasse	Route goudronnée
		Naturstrasse	Chemin carrosable entretenu
		Alp - oder Feldweg (fahrbar)	Chemin de dévestiture / Chemin muletier
		Fussweg (ev. tragen)	Sentier (ev. porter)
	12%	Steigungsabschnitt	Secteur de montée
		Barriere	Barrière
		Abzweigung beachten!	Tenir compte de la bifurcation!
		Ortschaft / einzelne Gebäude	Commune / Maison / groupe de maison
		Eisenbahn / Bahnhof	Chemin de fer / Gare
		Fahrtrichtung	Direction
	1278	Höhenkote (gemäss LK 1:25'000)	Points cotés (selon CN 1:25'000)
	(635)	Höhenkote (Eigenmessung)	Points cotés (mesure personnelle)
		Bach / Fluss / See	Ruisseau / Rivière / Lac
		Gebirgskamm / Berggipfel	Crête / sommet
		Wald / Gehölz	Forêt / Buisson
		Luftseilbahn / Skilift	Télépherique / Téléski
		Restaurant / Berggasthof	Restaurant / Auberge isolée
⊙		Kirche / Kapelle	Eglise / Chapelle
¤		Antennenanlage	Emetteur radio - tv
△		Campingplatz	Place de camping

⊖	Verbotene Fahrtrichtung	Sens interdit
⚠	Besonderer Hinweis / Gefahrenstelle	Indication particulière / Endroits à risques
P	Parkplatz	Place de parc
🛣	Autobahn	Autoroute
🚉	Bahnhof	Gare / Station
✈	Flugplatz	Aérodrome
🚶	Tragestrecke	Trajet à porter
▲	Schwierigkeitsbewertung	Degré de difficulté
⚑	Ausgangsort	Point de départ
➔	Anreise	Accès
┅	Distanz	Distance
⛰	Höhenunterschied	Dénivellement
🕐	Fahrzeit	Durée du parcours
☀	Beste Jahreszeit	Saison idéale
🗺	Empfehlenswerte Karte	Carte recommandable
☞	Bemerkung	Observation
↝	Skizze	Croquis

Übersichtskarte

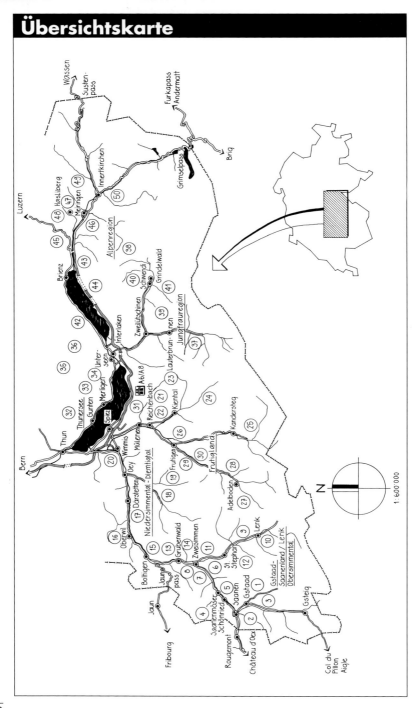

Nr.	Tour	↗	▲	↗	👣	🕐
Gstaad/Saanenland–Lenk/Obersimmental						
1	Losegg–Turbach	Gstaad	3	951	25	2½–3
2	Eggli–Pra Cluen	Saanen	3	1168	25.5	3–3½
3	Walliser Wispile–Lauenensee	Gstaad	3	1091	36.5	3½–4
4	Rellerligrat	Saanen	1	906	27	2¼–2½
5	Chaltebrunnegrabe	Schönried	2	880	24.2	2¼–2¾
6	Rüwlispass	Zweisimmen	2	966	31	3–3½
7	Sparenmoos–Schiltenegg	Zweisimmen	3/2	913	22	2½–3
8	Hundsrügg	Zweisimmen	3	1069	34	3–3½
9	Seewle–Färmeltal	St. Stephan	2	1492	37	3½–4
10	Betelberg–Metsch	Lenk	3	1744	35	4–4½
11	Fromatt	Zweisimmen	4/3	1025	21	2–2½
12	Lasenberg–Flöschhorn	Zweisimmen	4/3	1970	40.8	5–6
13	Seebergsee	Grubenwald	3	1253	28	2½–3
14	Stiereberg	Zweisimmen	3	1172	25.4	3–3½
Niedersimmental–Diemtigtal						
15	Niederhorn	Boltigen	2	1253	28.6	2½–3
16	Morgete–Lochegg	Oberwil i.S.	3	1130	21	2½–3
17	Turnen	Därstetten	3	1762	44	3¼–4¼
18	Tschuggen–Entschwil	Oey	2	1148	47	3½–4
19	Chirel–Hohniesen	Oey	3	1292	26.6	2½–3
20	Obers Heiti	Wimmis	2	1170	30	2¾–3¼
Frutigland–Adelboden/Kandersteg						
21	Wätterlatte	Reichenbach i.K.	3	1201	22.5	2½–3
22	Kiental–Suld	Reichenbach i.K.	2	1202	32.8	3–4
23	Latrejenfeld	Mülenen i.K.	3	1545	40.2	4–5
24	Griesalp–Gamchi	Reichenbach i.K.	4	2220	48.8	6½–7½
25	Gasteretal–Nordrampe	Kandersteg	3	1264	47.5	4½–5½
26	Wyssenmatti	Reichenbach i.K.	1	782	28.5	2–2½
27	Sillerebühl–Truniggrat	Adelboden	2	1176	26.5	2½–3
28	Cholere–Alp Metsch	Adelboden	1	989	30.8	2–2½
29	Spisse-Lisi	Frutigen	3	944	32.5	2½–3
30	Elsige-Panoramaweg	Frutigen	3	1530	42	4½–5½
Thunersee						
31	Aeschiallmi–Leissigbärgli	Spiez	3	1650	38.1	4½–5½
32	Blueme	Thun	1	884	28	2¼–3¼
33	Sichle	Merligen	4	1385	30.5	3½–4
34	Waldegg	Interlaken West	3	891	26.5	2½–3½
35	Grüenenbergpass	Gunten	3	1959	64.6	4½–6
Jungfrauregion						
36	Lombachalp	Interlaken West	2	1377	35.4	2¾–3¼
37	Mürren–Stechelberg	Lauterbrunnen	2	916	25.6	2½–3
38	Grosse Scheidegg	Interlaken Ost	2	1711	81	4½–6
39	Kleine Scheidegg	Zweilütschinen	3	1449	41.2	3½–4½
40	Bachalp–First	Grindelwald	3	1034	24.4	2–2½
41	Grindelwald-Panorama	Schwendi	3	1522	32.6	3–3½
42	Brienzersee	Interlaken Ost	1/2	530/1107	22.6/41.2	1½–3½
Alpenregion–Briez/Meiringen/Hasliberg						
43	Hinterburg	Brienz	2	1092	34.6	2¼–2¾
44	Geieggen–Bauwald	Brienz	3	1186	32.7	2¾–3¼
45	Brüniger Älpeli	Brienz	2	1085	28.2	2–2¼
46	Wandelalp	Meiringen	3	1302	30.8	2¾–3¼
47	Hasliberg	Meiringen	3	1841	44.4	3½–4½
48	Gibel	Hasliberg	3	1645	30.5	3½–4
49	Gental–Engstlenalp	Meiringen	4	1680	47	5–6½
50	Understock–Guttannen	Meiringen	2	1045	36.2	2¼–2¾

3 Im Aufstieg zur Chrine

Gstaad/Saanenland–Lenk/Obersimmental

Tour 1	Losegg–Turbach
Tour 2	Eggli–Pra Cluen
Tour 3	Walliser Wispile–Lauenensee
Tour 4	Rellerligrat
Tour 5	Chaltebrunne
Tour 6	Rüwlispass
Tour 7	Sparenmoos–Schiltenegg
Tour 8	Hundsrügg
Tour 9	Seewle–Färmeltal
Tour 10	Betelberg–Metsch
Tour 11	Fromatt
Tour 12	Lasenberg–Flöschhorn
Tour 13	Seebergsee
Tour 14	Stiereberg

1 Losegg-Turbach

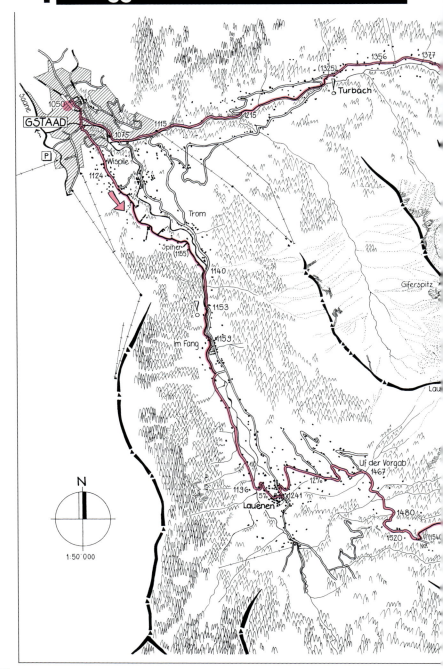

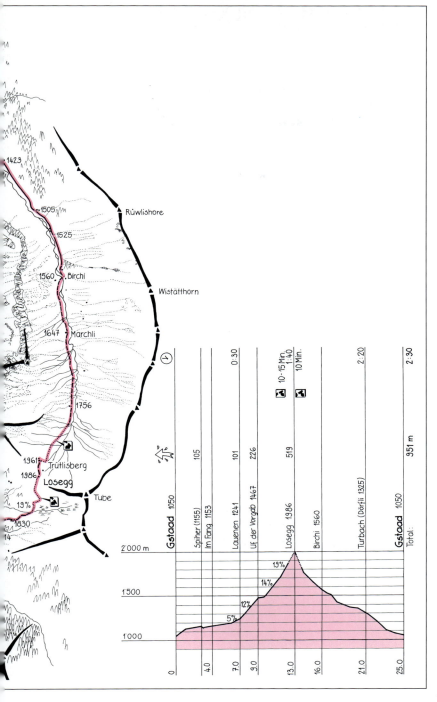

1 Losegg–Turbach

Diese Rundtour führt durch zwei ausserordentlich schöne Täler. Im Aufstieg das Lauenental, mit gebietstypisch intakter Kulturlandschaft und prächtigen Bauernhöfen; bei der Talfahrt das rauhe, von steilen Hängen geprägte Turbachtal. Eine erste kurze Steigung führt über Wispile und kehrt nach 3 km auf die Strasse nach Lauenen zurück (nicht dem Fussweg folgen!). Unterhalb von Lauenen beginnt die grosse Steigung zuerst auf Asphaltstrassen bis ca. 200 Meter vor einen Kehrplatz mit Fahrverbot, wo der sehr steile Alpweg beginnt. Dieser ist, bis auf die letzten ca. 600 m mit tiefen, aufgeweichten Fahrspuren, fahrbar. Der oberste Teil der Talfahrt von Trüttlisberg Pkt. 1961 bis ca. 1800 m ü.M. folgt einer schmalen Wegspur durch nasse Hänge (Bike teilweise stossen). Der Rest der Abfahrt ist absoluter Genuss!

▲	3
↗	Gstaad
⇆	Bahn: Bern–Spiez–Zweisimmen–Gstaad Strecken: 290/320/120
	Auto: A6 Wimmis–Zweisimmen–Gstaad P bei der Egglibahn
⊢⊣	25 km
⇡	951 m
◷	2 ½–3 Std.
☀	Mitte Juni–Oktober
▦	LK 5009 oder 1246+1266
ℹ	Nach längeren Regenperioden nicht zu empfehlen.
▱	22/23

1 Losegg

6 Aufstieg zum Hornberg

2 Eggli–Pra Cluen

Abwechslungsreiche Rundtour mit gemütlicher Einfahrstrecke (5 km) der Saane entlang nach Gstaad. Die Steigung zum Eggli ist gleichmässig und bis auf die letzten 750 m asphaltiert. Die Talfahrt vom Eggli nach Norden folgt in offenem Gelände dem Wanderweg. Nach Erreichen der asphaltierten Strasse steigt es gemächlich nach Chalberhöni. Rechts vor der Bürgigraben-Brücke beginnt der anstrengende Teil (bis La Verra je 1/2 stossen/fahren, dasselbe zwischen Comborsin und Les Praz). Von Ruble bis Les Planards bietet die Tour einen tollen bis sehr anstrengenden Downhill. Zum Ausgangspunkt zurück führt ein schmaler Weg entlang der Saane mit kurzen Aufstiegen und Abfahrten.

▲	3
↗	Saanen
⇄	Bahn: Bern–Spiez–Zweisimmen–Saanen Strecken: 290/320/120 Auto: A6 Wimmis–Zweisimmen–Saanen P beim Bahnhof
⇥	25.5 km
⇑	1168 m
⊙	3–3 ½ Std.
	Juni–Oktober
	LK 5009 oder 1245+1246+1265+1266
☞	Die Abfahrt von Ruble erfordert sicheres Downhillfahren. Variante: Von Les Planards über den Gonderlibach durch den Allmiswald nach Saanen oder unterhalb Pkt. 1304 die markierte Bikepiste (grobes Bachbett) benützen.
↬	27

Eggli-Pra Cluen 2

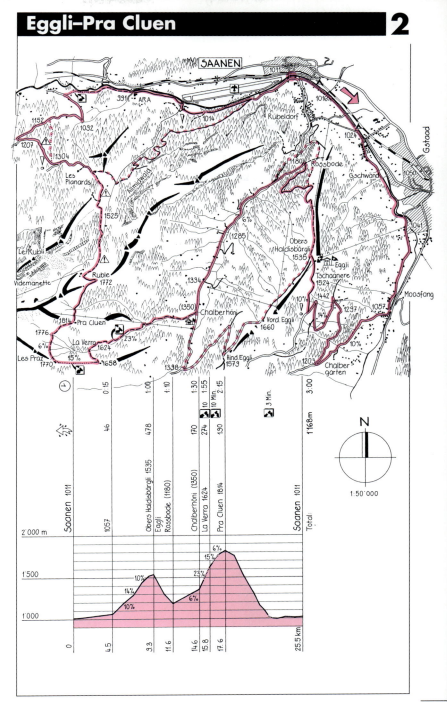

3 Walliser Wispile–Lauenensee

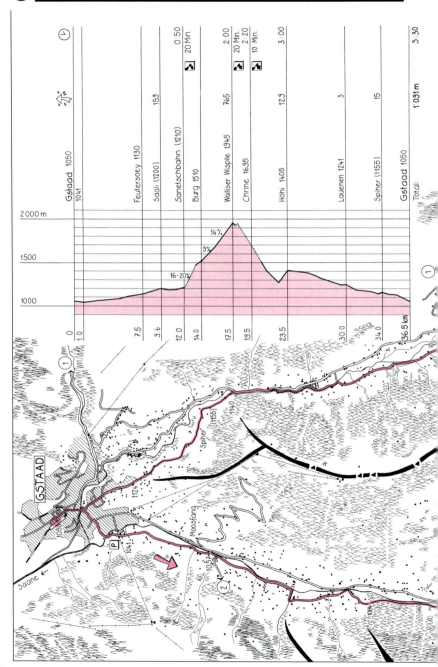

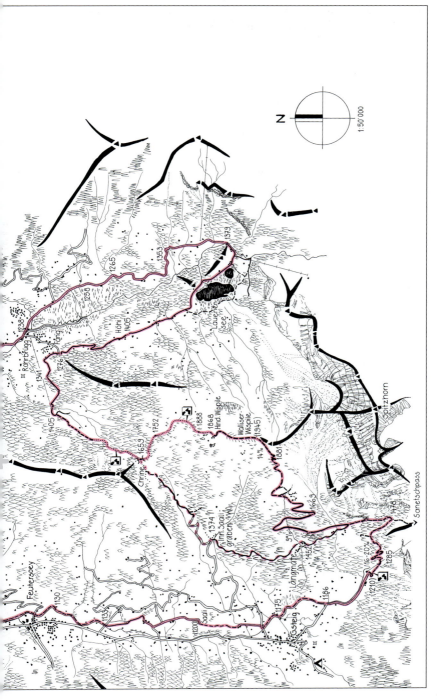

3 Walliser Wispile–Lauenensee

Landschaftlich einmalige Rundtour mit genussreichem Einfahren entlang der Saane bis zur Talstation der Sanetschbahn. Darauf folgt ein zäher Aufstieg bis zur Abzweigung Richtung Wispile (1/2 stossen/fahren). Nach einem kurzen Stück (600 m) über den selten begangen Weg nach Burg folgt eine neue Alpstrasse, die oberhalb der Waldgrenze wieder ruppiger wird. Von Hinter Wispile zur Chrine und durch den Wald bis Bürchli sind es schmale Wegspuren mit vielen Wurzeln, die öfters ein Absteigen erfordern. Hinauf zum Lauenensee und zurück entlang dem Louibach ist reinster Bike- und Landschaftsgenuss. Als weniger anstrengende Alternative bietet sich der landschaftlich weniger interessante Aufstieg von Burg über Längmatte–Saaligraben zur Chrinne mit einem kurzen Schiebestück an.

▲	3
⌖	Gstaad
➤	Bahn: Bern–Spiez–Zweisimmen–Gstaad 290/320/120
	Auto: A6 Wimmis–Zweisimmen–Gstaad P bei der Egglibahn
⟷	36.5 km
⬆	1091 m
⌚	3 ½–4 Std.
☀	Juli–Oktober
▦	LK 5009 oder 1246+1266
ℹ	Entlang der Saane führt ein schmaler Wanderweg der in den frühen Morgenstunden kaum begangen wird. Der Lauenensee ist ein Naturschutzgebiet und beliebtes Ausflugsziel!
⌕	28/29

Rellerigrat 4

Nach wenigen Metern durch das malerische Dorf Saanen folgt ein kurzer, steiler Aufstieg bis zum Hotel Steigenberger, dessen Mühe sich lohnt. Denn hier beginnt eine gesamthaft genussreiche und landschaftlich ausserordentlich reizvolle Tour, die auch an heissen Tagen durch das stark bewaldete Grischbachtal einen angenehmen Aufstieg ermöglicht. Besonderes Fahrvergnügen bieten die Verbindung vom Mittelberg zum Rellerligrat und die lange Talfahrt zurück nach Saanen.

▲	1
↗	Saanen
⇄	Bahn: Bern–Spiez–Zweisimmen–Saanen Strecken: 290/320/120 Auto: A6 Wimmis–Zweisimmen–Saanen P beim Bahnhof
⟷	27 km
⬆	906 m
⏱	2 ¼–2 ½ Std.
☀	Mai–Oktober
🗺	LK 5009 oder 1246
ℹ	Vom Rellerigrat führt ein beliebter Höhenwanderweg zum Sparenmoos. Beste Zeit zum Biken: früher Morgen oder später Nachmittag. Variante: Dem linken Ufer der Saane entlang nach Rougemont, durch das Dorf und über Les Bodemos ins Grischbachtal.
↪	32/33

4 Rellerigrat

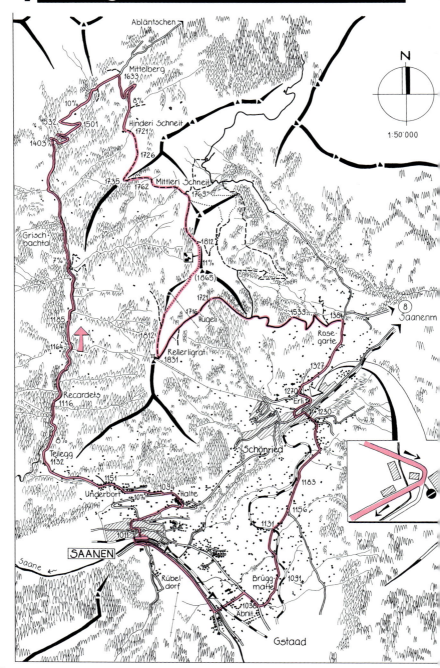

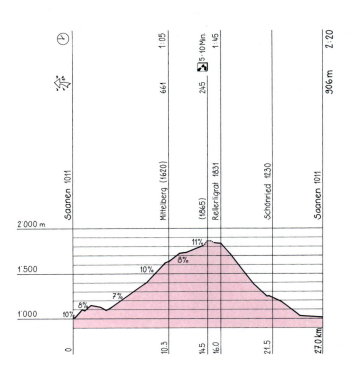

6 Rüwlispass

Chaltebrunne 5

Kurze Rundtour um die Saanerslochfluh. Die Tour ist geeignet, Erfahrungen mit härteren Talfahrten zu sammeln. Das erste Teilstück bis zur Abzweigung gegen die Hornegglibahn ist gleichmässig steil. Kurz vor Erreichen der Bergstation wird der Karrweg rollig und steil. Die Verbindung zum Hornberg folgt einem interessanten Fussweg, der bis auf kleine Abschnitte gut fahrbar ist. Der obere Teil der Talfahrt von Parwenge folgt wenig ausgeprägten Spuren über Alpgelände; nach den obersten Alphütten ist der Weg steil und holprig. Beim Verlassen des Chaltebrunnegrabens führt der Weg an prachtvollen Flachmoorhängen vorbei nach Oeschseite und hinauf nach Saanenmöser. Das letzte Teilstück über Bergmatte/Rosegarte vermittelt einen guten Einblick ins Tourengebiet.

▲	2
↗	Schönried
🚆	Bahn: Bern–Spiez–Zweisimmen–Schönried Strecken: 290/320/120 Auto: A6 Wimmis–Zweisimmen–Schönried P bei der Hornegglibahn
↔	24.2 km
⬆	880 m
🕐	2 ¼–2 ¾ Std.
	Juni–Oktober
	LK 5009 oder 1246
☞	Tipp: Bei steilen Abfahrten den Sattel tiefer stellen.
	36/37

5 Chaltebrunne

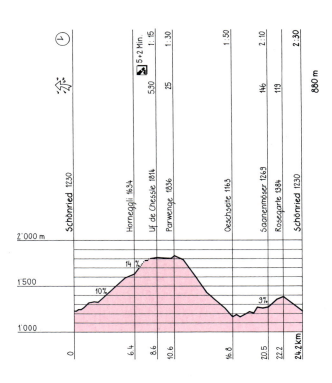

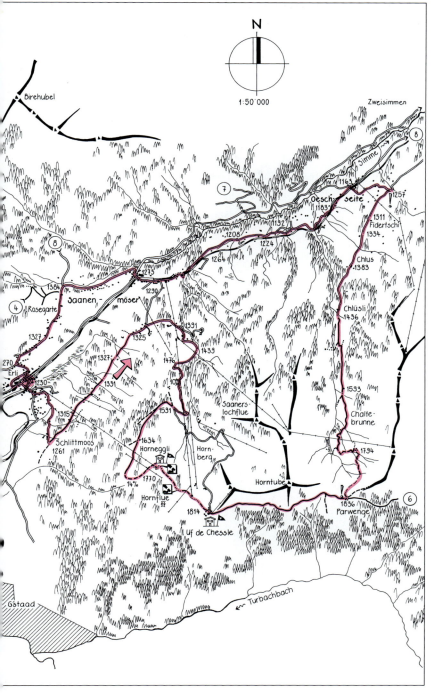

6 Rüwlispass

8 Hundsrügg

Rüwlispass 6

Landschaftlich reizvolle Biketour abseits stark befahrener Strassen rund um den Rinderberg. Diese Rundtour öffnet den Blick in ein Dutzend Täler und in die mit ewigem Schnee bedeckten Hochalpen vom Wildhorn bis zum Wildstrubel. Der Aufstieg bis Uf de Chessle (Hornberg) benützt asphaltierte Strassen. Danach folgen mit Ausnahme des unteren Teils der Talfahrt Naturwege. Zwischen Hornberg und Rüwlispass befindet sich ein beliebter Höhenwanderweg, der bis auf den 1.5 km langen Abschnitt unter dem Amselgrat (Tragestrecke) breit ausgebaut ist. Das letzte Teilstück entlang der Simme (Velowanderweg) bietet eine genussvolle Ausrollstrecke. Am frühen Morgen liegen die nordseitigen Aufstiegshänge im Schatten.

	2
	Zweisimmen
	Bahn: Bern–Spiez–Zweisimmen Strecken: 290/320
	Auto: A6 Wimmis–Zweisimmen P Ostseite des Bahnhofs
	31 km
	966 m
	3–3 ½ Std.
	Juni–Oktober
	LK 5009 oder 1246
	Beliebter Höhenwanderweg Horneggli–Rüwlispass. Beste Zeit zum Biken: früher Morgen oder später Nachmittag. Variante: bis Hornberg auf Route Nr. 5.
	40/41

6 Rüwlispass

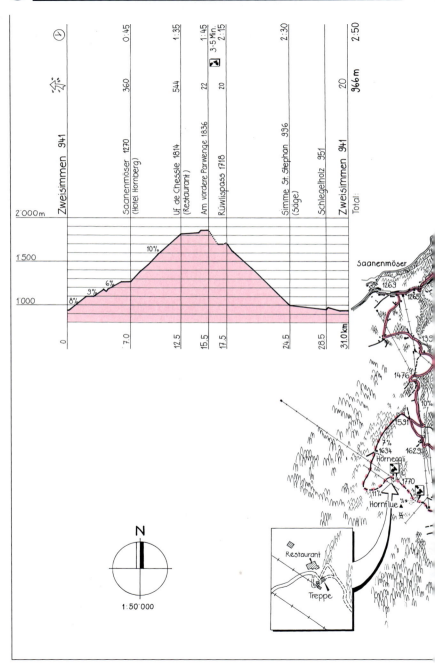

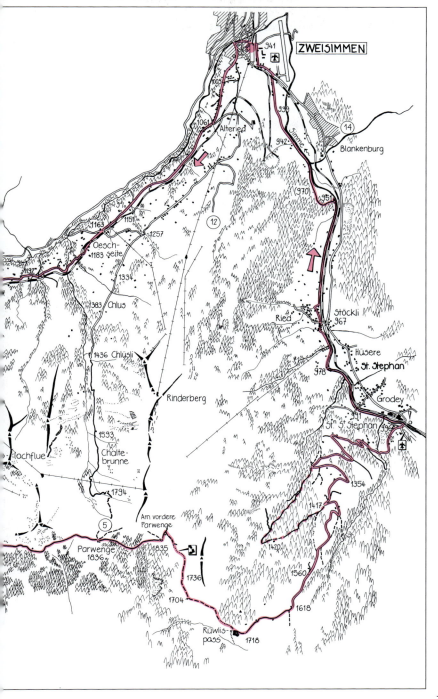

7 | Sparenmoos–Schiltenegg

Mittellange Rundtour mit komfortablem Aufstieg bis zum Kulminationspunkt. Nach einer ersten kurzen Talfahrt folgt ein steiler Aufstieg von ca. 40 m (stossen). Nun beginnt ein steiler Downhill (280 Höhenmeter Karrenspuren über Alpweide). Eine weniger anspruchsvolle Variante bietet die nicht weniger attraktive Abfahrt westlich Wannehörnli (vgl. Tour 8). Der untere Teil ist umso genussreicher. Unterhalb Saanenmöser lohnt es sich für ca. 3 km die Hauptstrasse zu verlassen und den höher gelegenen Weg über Riedli zu befahren, der eine wunderbare Aussicht auf die Oeschseite bietet. Kurz vor Zweisimmen, ca. 400 m nach Mosenried, nochmals die Hauptstrasse nach rechts verlassen und über die Brücke auf die rechte Seite der Kleinen Simme wechseln.

▲	3/2
↗	Zweisimmen
🚆	Bahn: Bern–Spiez–Zweisimmen Strecken: 290/320 Auto: A6 Wimmis–Zweisimmen P Ostseite des Bahnhofs
↔	22 km
⬆	913 m
🕐	2½–3 Std.
☀	Mitte Juni–Oktober
🗺	LK 5009 oder 1246+1226
ℹ	Nur bei trockenem Boden zu empfehlen. An Wochenenden viel Ausflugsverkehr zum Restaurant Sparenmoos (beim Schwarzsee). Variante: die steileren Naturstrassen oberhalb Zweisimmen und über Sparenmoos–Talmoos benutzen.
↬	43

Sparenmoos–Schiltenegg 7

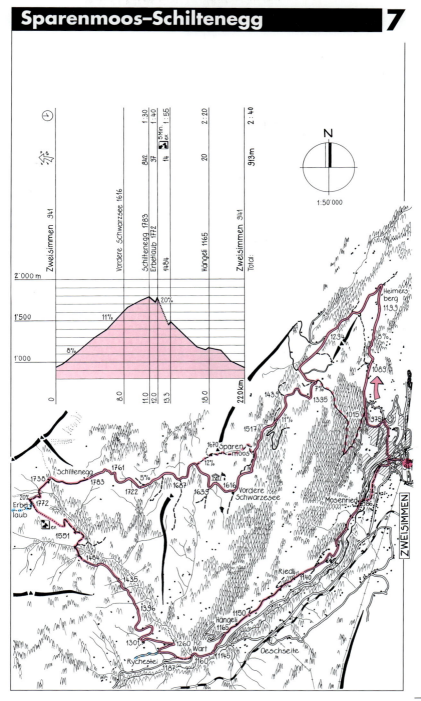

8 Hundsrügg

Location	Elevation	Time	Distance
Zweisimmen	941		0
Garstatt	858	0:20 (34)	5.0
Jaunpass	1509	1:20 (651) 3-5 Min.	12.0
Oberenegg	1721	1:45 (212)	15.0
Schlündi		2:10	18.5
Bire	1789	2:25 (159) 10 Min.	20.5
Saanenmöser	1269	2:50	26.5
Oeschseite	1163	3:00 (13)	30.0
Zweisimmen	941	3:10	34.0 km
Total:	1069 m		

Grades shown on profile: 14%, 9%, 15%, 11%, 8%, 16%, 14%

Map features: Pletsch 1744, 1704, 1661, Erb…, Gruebe 1724, Schneitgrat, Bire 1789, Birehubel, 1778, Vorderi Schneit 1736, 1678, 1551, 1497, 1442, 1404

N

1:50'000

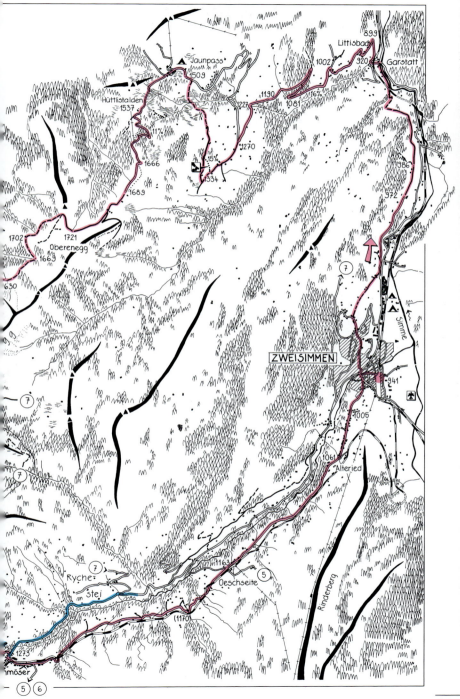

8 Hundsrügg

Abwechslungsreiche, lange Rundtour, die mit einem kurzen Aufstieg und einem ruppigen Downhill vor Garstatt beginnt. Vom tiefsten Punkt der Tour folgt die Route einem asphaltierten Güterweg bis zur Abzweigung Jaunpass (Wanderwegzeichen); diesem folgen (kurze Tragestücke). Auf der Höhe von Oberenegg beginnt die einmalig schöne Traversierung der Nordwestflanke des Hundsrüggs mit mehreren kurzen Auf- und Abstiegen. Von Gruebe bis Bire auf wenig ausgeprägten Wegspuren ein kurzes Stück tragen oder stossen. Die Talfahrt über Oeschseite nach Zweisimmen ist lang und genussreich.

▲	3
↗	Zweisimmen
⇄	Bahn: Bern–Spiez–Zweisimmen Strecken: 290/320 Auto: A6 Wimmis–Zweisimmen P Ostseite des Bahnhofs
⟷	34 km
↑	1069 m
⏱	3–3 ½ Std.
☼	Juni–Oktober
🗺	LK 5009 oder 1246+1226
⚠	Im oberen Teil teilweise steile Talfahrt.
🗺	44/45

Seewle–Färmeltal 9

Eine gemütliche Einfahrstrecke über die Flugplatz-Rollbahn führt bis Lenk. Nun folgt eine gleichmässig angenehme Steigung zum Laubbärgli, wo es für Biker richtig interessant wird. Der letzte Teil des ersten Aufstiegs und der folgende Teil der Talfahrt erfordern etwas Geschick und Kraft. Von Wyssenberg bis Gibel ist der Weg für Tempofahrer geschaffen. Nun beginnt der landschaftlich besonders reizvolle Teil ins Färmeltal mit unerwarteten Einblicken in bizarre Felsgebirge. Die weiteren Aufstiege befinden sich mehrheitlich im Wald, so dass die Tour auch an heissen Sommertagen angenehm ist. Die letzte Talfahrt führt über asphaltierte Wege nach St. Stephan und der Simme entlang zurück zum Ausgangspunkt.

	2
	St. Stephan
	Bahn: Bern–Spiez–Zweisimmen–St. Stephan Strecken: 290/320/120
	Auto: A6 Wimmis–Zweisimmen–St. Stephan P bei Station MOB
	37 km
	1492 m
	3 ½–4 Std.
	Juni–Oktober
	LK 5009 oder 1246+1247+1266
	Zwischen Sattel (2046) und Wyssenberg (1920) ca. 1/2 des Abstiegs tragen.
	48/49

9 Seewle–Färmeltal

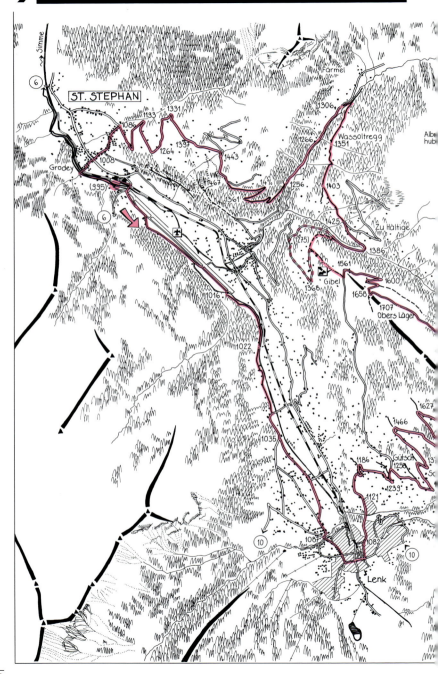

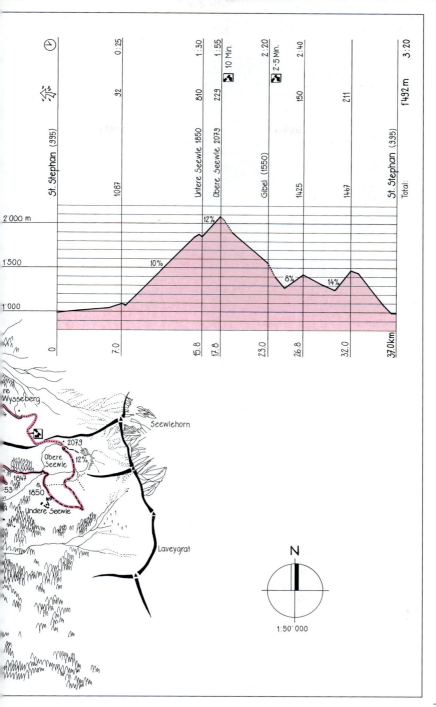

13/14 Seeberg

14 Chumigalm/Gubi

Betelberg–Metsch　　10

Lange, eindrucksvolle und fahrtechnisch teilweise anspruchsvolle Rundtour vorbei an imposanten Wasserfällen. Der Aufstieg bis Betelberg und die Abfahrt zum Iffigfall ist markiert (nach Betelberg nicht den für Biker verbotenen Wanderweg benutzen). Oberhalb des Iffigfalls (Pkt. 1471) die markierte Bikeroute über eine Brücke nach links verlassen, wo der anstrengende Aufstieg über Ritz nach Langermatte beginnt. Bei der Talfahrt dem teilweise holprigen Güterweg folgen. Unterhalb der dritten Brücke nach Rezlibergweid (1380) beginnt der zweite steile Aufstieg gegen Ammerten/Nessli (1645). Die ersten 100 m Abstieg im Wald und durch den Bummerebachgrabe sind kaum fahrbar. Nun beginnt die herrliche Talfahrt über Metsch zurück nach der Lenk.

▲	3
↗	Lenk
⇥	Bahn: Bern–Spiez–Zweisimmen–Lenk Strecken: 290/320/120
	Auto: A6 Wimmis–Zweisimmen–Lenk P im Dorf oder bei Betelbergbahn
⊢⊣	35 km
⇡	1744 m
◷	4–4 ½ Std.
☀	Juni–Oktober
▒	LK 5009 oder 1266+1267
☞	Die Strecke Rezliberg–Simmenfälle ist ein stark frequentiertes Wander-Ausflugsziel!
↯	52/53

10 Betelberg–Metsch

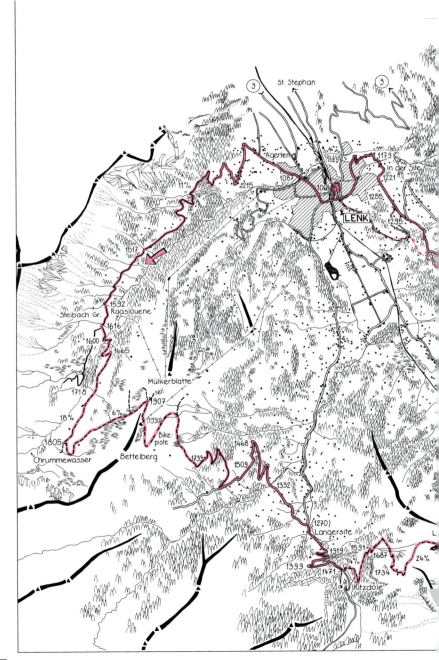

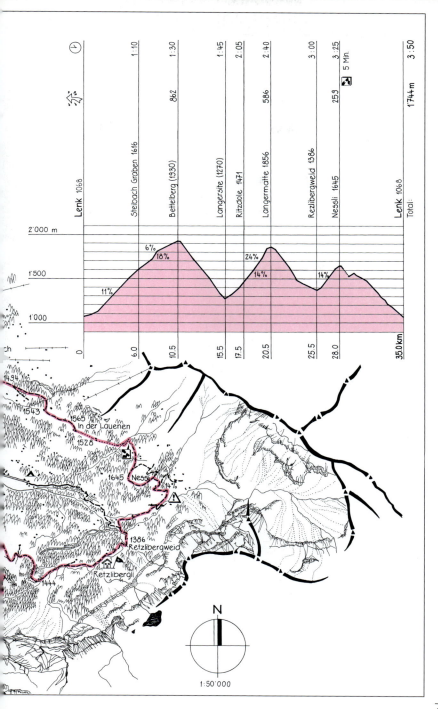

11 Fromatt

Interessante Rundtour mit ausserordentlichem Landschaftserlebnis für das genügend Zeit eingeplant werden sollte. Von Hinder Chumi (1822) den abwärts führenden Karrenspuren bis zum Waldausgang folgen, dann die Höhe haltend über wegloses Gelände (stossen, teilweise durchnässt) bis Bärgli. Es folgt ein steiler Gegenaufstieg von 100 m zum höchsten Punkt (1864, Aussicht!). Die Talfahrt unterhalb Fromatt zwischen 1800 und 1520 ist steil, rollig und grob, danach nicht mehr so steil und das letzte Drittel ist asphaltiert. Eine etwas kürzere Variante bietet die ebenfalls steile Abfahrt über Stutz und Möser (nach dem Waldausgang unter 1822 m ü. M. den Karrenspuren abwärts folgen).

	4/3
	Zweisimmen
	Bahn: Bern–Spiez–Zweisimmen Strecken: 290/320
	Auto: A6 Wimmis–Zweisimmen P Ostseite des Bahnhofs
	21 km
	1025 m
	2–2 ½ Std.
	Juni–Oktober
	LK 5009 oder 1246
	Für DownhillfahrerInnen. Einfachere Talfahrt über den Alpweg.
	55

Fromatt 11

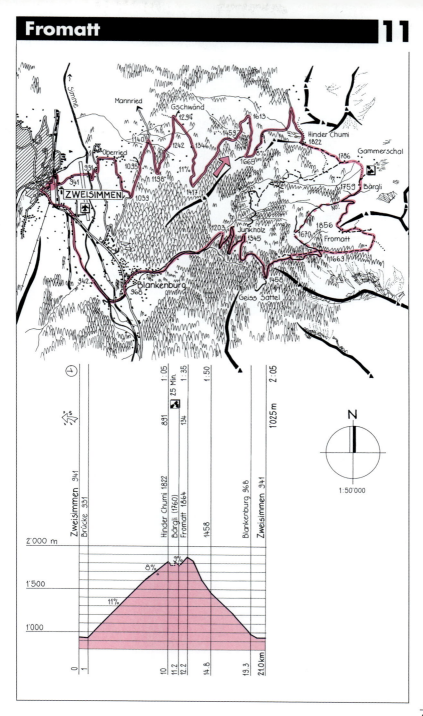

14 Hinder Chumi

14 Hinder Chumi

Lasenberg–Flöschhorn 12

Der Weg zum Flöschhore wartet mit mannigfaltigen landschaftlichen Überraschungen auf. Nach kurzem Aufstieg über die gut ausgebaute Strasse nach Oeschseite führt die Tour schon bald in die bewaldeten Osthänge des Rinderbergs mit Lichtungen, die den Blick ins Tal und das Wildstrubel-Gebiet freigeben. Ein erster Singletrail leitet nach Lengebrand hinunter, um gleich wieder auf guter Alpstrasse Höhe zu gewinnen. Der weitere Weg zum Parwengekessel entpuppt sich als anstrengender Aufstieg, wo oben angekommen ein längeres flaches Stück zum Rüwlispass führt, um von hier aus nochmals kräftiger ansteigend die Alp Lasenberg zu erreichen. Die Abfahrt über den Bergrücken folgt in offenem Gelände den Wegspuren bis zur Fahrstrasse in Lüss. Die Route über das Flöschhore ist eine Sache für Hartgesottene, die das Bike auch mal schieben oder tragen mögen. Es gibt zwei Abkürzungen, um die letzten Strapazen zu umgehen. Dagegen ist die Rückfahrt über St. Stephan und den Gegenhang wieder Bike-Genuss pur.

	4/3
	Zweisimmen
	Bahn: Bern-Spiez–Zweisimmen Strecken: 290/320 Auto: A6 Wimmis–Zweisimmen P hinter Bahnhof
	40.8 km
	1970 m
	5–6 Std.
	Juni–Oktober
	LK 5009 oder 1246+1266
	Auf den unbefestigten Alpwegen keine Bike-Spuren hinterlassen!
	58/59

12 Lasenberg–Flöschhorn

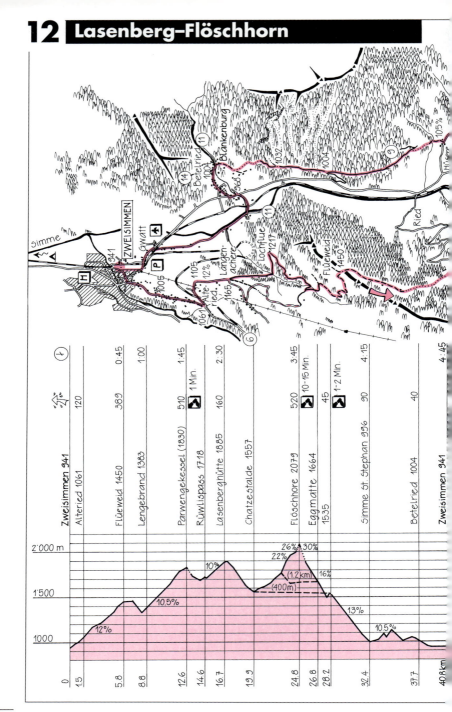

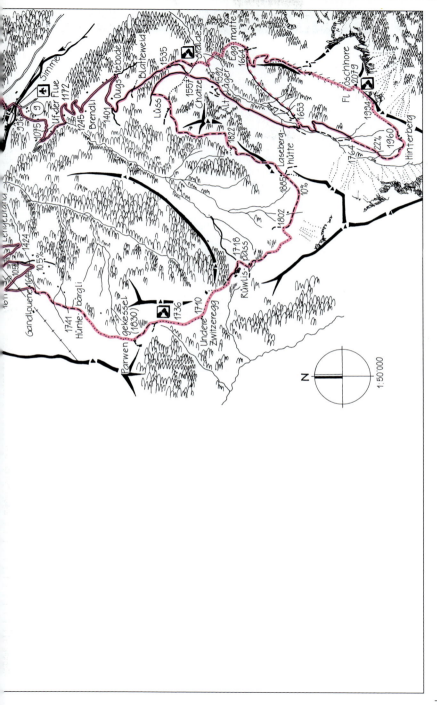

13 Seebergsee

Fahrtechnisch und landschaftlich interessante Rundtour mit angenehmem Aufstieg. Die Umgebung des Seebergsees ist ein Naturschutzgebiet, das viele Wanderer anzieht, wobei die Wege genügend breit sind um nebeneinander vorbei zu kommen. Die direkte Variante vom Sattel unterhalb Luegle über den Sattel beim Geisshörnli ist ca. 4 km kürzer als der gut ausgebaute Weg über Untergestelen, weist aber weniger Höhendifferenz und eine Tragstrecke von ca. 10 Minuten auf (vgl. Nr. 14). Von Stiereberg führt eine rasante Abfahrt durch den Muntig- und den Mariedgrabe, die etwas Kondition und sicheres Fahren in holprigem Gelände erfordert.

▲	3
↗	Grubenwald
🚆	Bahn: Bern–Spiez–Zweisimmen Strecken: 290/320
	Auto: A6 Wimmis–Zweisimmen–Grubenwald P nach der Brücke (beschränkte Platzzahl)
	28 km
	1253 m
🕐	2 ½–3 Std.
	Juni–Oktober
	LK 5009 oder 1226+1246
	Naturschutzgebiet Seebergsee: Keine Fahrspuren hinterlassen!
	61

Seebergsee 13

14 Uf de Flüene

14 Talfahrt nach Blankenburg

Stiereberg 14

Die Tour beginnt mit einer gemütlichen Rollstrecke der Simme entlang nach Grubenwald. Der Aufstieg bis auf den Meienberg ist gleichmässig steil, verlangt aber etwas Ausdauer. Auf der Höhe nach rechts zum zunehmend anstrengenden Singletrail abzweigen, der zur Lücke über dem Seebergsee führt. Hier beginnt die erste steile Abfahrt zum See hinunter (kurzes Schiebestück). Nach dem anstrengenden ersten Teil lädt der Seebergsee zum Bade. In meist lockerer Fahrt gehts zum Stiereberg (Berghaus). Ein letzter kurzer steiler Anstieg führt zum Gubisattel, wo wohl eine der schönsten Talfahrten beginnt.

	3
	Zweisimmen
	Bahn: Bern–Spiez–Zweisimmen Strecken: 290/320 Auto: A6 Wimmis–Zweisimmen P hinter Bahnhof
	25.4 km
	1172 m
	3–3 ½ Std.
	Juni–Oktober
	LK 5009 oder 1226+1246
	Einmalig schöne und eher anspruchsvolle Talfahrt.
	64/65

14 Stiereberg

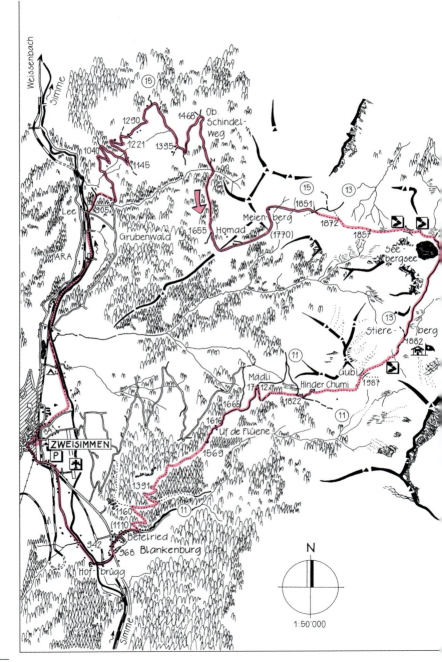

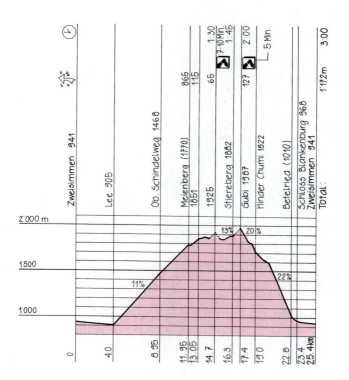

18 Am Fildrich vor Grimmialp

Niedersimmental–Diemtigtal

Tour 15	Niederhorn
Tour 16	Morgete–Lochegg
Tour 17	Turnen
Tour 18	Tschuggen–Entschwil
Tour 19	Chirel–Hohniesen
Tour 20	Obers Heiti

15 Niederhorn

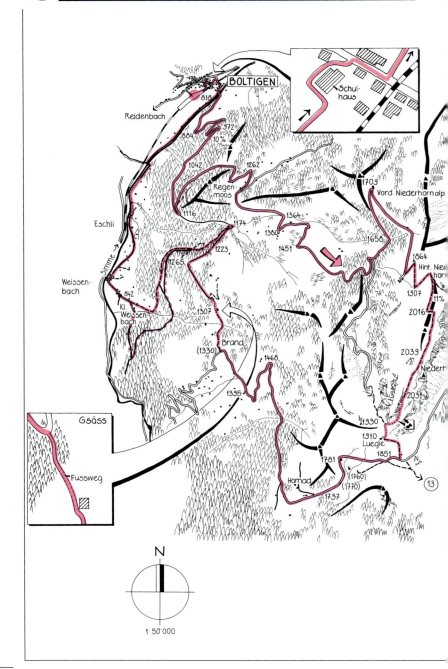

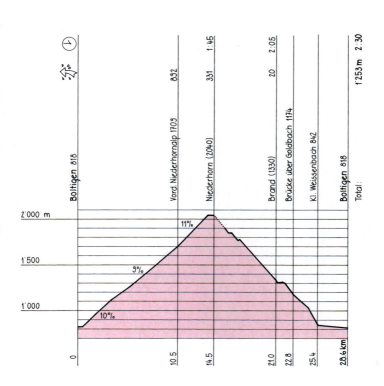

15　Niederhorn

Landschaftlich sehr interessante Rundtour, die bis auf wenige Meter im Sattel gefahren werden kann. Dies ist umso erstaunlicher, als die Route bis wenige Meter unter den Gipfel des Niederhorns mit 2077 m ü. M. führt. Bis auf 1847 m sind die Wege asphaltiert. Die Talfahrt bietet lange Abschnitte auf Naturstrassen. Bis zur Luegle erfordert sie etwas Fahrgeschick und ein paar Meter Tragen. Nach der Abzweigung bei Brand (Beschilderung) führt der Weg nach Gsäss einige Meter über eine Wiese, danach auf schmalem Weg zu einer von oben sichtbaren Wegkehre. Von da an diesem Weg bis nach der Brücke (1174) folgen. Dem alten, steilen Karrenweg folgend durch den Wald hinunter nach Klein Weissenbach (einfachere Variante: Alpstrasse benutzen) und der Simme entlang nach Boltigen zurück.

	2
	Boltigen
	Bahn: Bern–Spiez–Boltigen Strecken: 290/320
	Auto: A6 Wimmis–Boltigen P beim Bahnhof
	28.6 km
	1253 m
	2 ½–3 Std.
	Juni–Oktober
	LK 5009 oder 1226
	Geeignet um erste Mountainbike-Erfahrungen zu sammeln. Achtung: Bei Gewittern auf dem Grat grosse Blitzschlaggefahr!
	68/69

16 Südlich Lochegg mit Eiger, Mönch und Jungfrau

16 Nässli unterhalb Lochegg mit oberem Simmental

16 Morgete–Lochegg

Eine fast unglaubliche Tour an der steilen Flanke der südlichen Talhänge des Niedersimmentals. Von beiden Seiten muss das Velo über die Lochegg 20–30 Minuten getragen oder gestossen werden. Die interessante Landschaft, die herrliche Aussicht und die lange Talfahrt entschädigen für die Mühe. Der Aufstieg über Buusche–Morgete ist an heissen Tagen sicher angenehmer als umgekehrt.

▲	3
↗	Oberwil i.S.
🚊	Bahn: Bern–Spiez–Oberwil Strecken: 290/320
	Auto: A6 Wimmis–Oberwil P beim Bahnhof
📏	21 km
⬆	1130 m
⏱	2 ½–3 Std.
☀	Juli–Oktober
🗺	LK 253 oder 1206+1226
ℹ	Kurze, wenig anstrengende Tragestrecken.
↪	73

Morgete–Lochegg 16

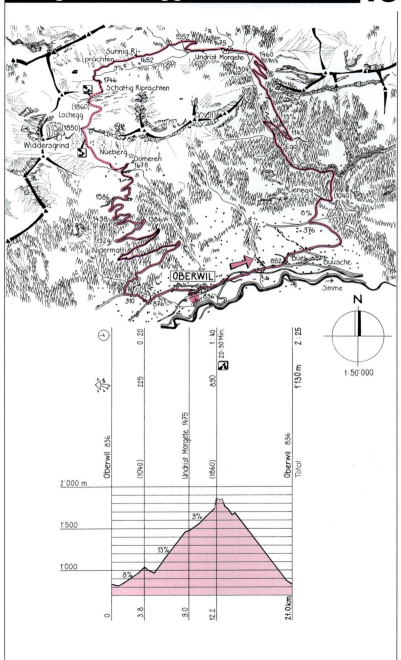

18 Bergmatte mit Simmeflue und Burgflue

18 Tschuggen

Turnen 17

Diese grossartige, lange und anstrengende Höhen-Tour mit herrlicher Aussicht beginnt sanft auf der rechten Simmentalseite und führt an prächtigen Bauernhäusern über Fischbach in Richtung Skilift Rossboden bis Ritzli. Hier beginnt die Naturstrasse, die nach Buufal aufhört. Nun hart an der Krete durch lichten Wald und Felsbänder mit dem anschliessenden Aufstieg zur Schwalmflue (1938.7 m ü. M.). Erst bei der gleichnamigen Hütte beginnt die nächste Fahrstrasse, die bis zur Rinderalp führt. Nach Feldmöser geht es auf steilem Karrenweg hinunter, um dort wieder auf einem kurzen Singletrail hochzusteigen. In einer Kehre wird die Alpstrasse erreicht, die auf der Nordseite des Turnens mit Auf und Ab gegen den Chlosterbach und zurück nach Därstetten führt.

▲	3
↗	Därstetten
⇄	Bahn: Bern–Spiez–Därstetten Strecken: 290/320 Auto: A6 Wimmis–Därstetten P beim Bahnhof
⊢⊣	44 km
⇧	1762 m
⌚	3 ¼–4 ¼ Std.
	Juli–Oktober
	LK 253 oder 1226+1227
☞	Nach längeren Feuchtperioden weniger zu empfehlen (im oberen Teil schwere, klebrige Böden).
↯	76/77

17 Turnen

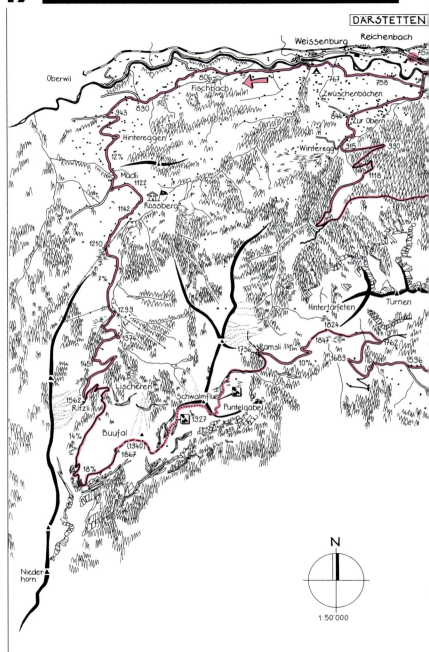

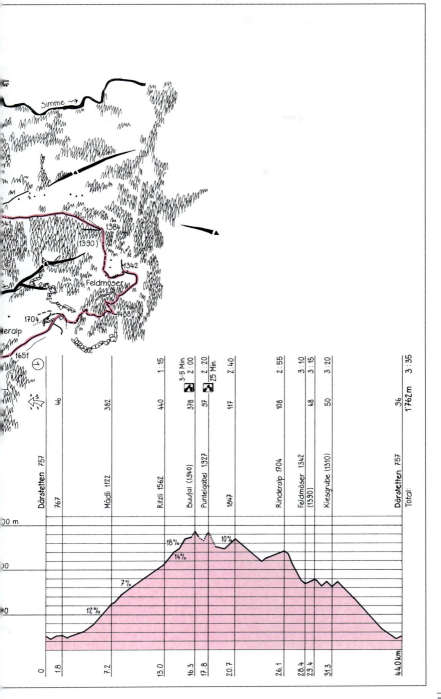

18 Tschuggen–Entschwil

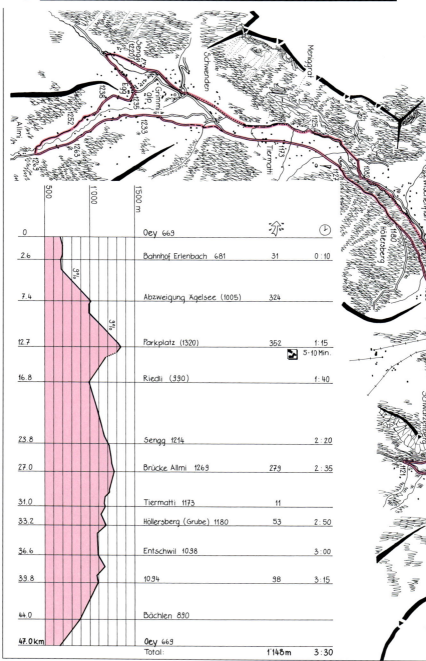

km				
0	Oey 669			
2.6	Bahnhof Erlenbach 681	31		0:10
7.4	Abzweigung Ägelsee (1005)	324		
12.7	Parkplatz (1320)	352		1:15
				5-10 Min.
16.8	Riedli (990)			1:40
23.8	Sengg 1214			2:20
27.0	Brücke Allmi 1269	279		2:35
31.0	Tiermatti 1173	11		
33.2	Höllersberg (Grube) 1180	53		2:50
36.6	Entschwil 1098			3:00
39.8	1094	98		3:15
44.0	Bächlen 890			
47.0 km	Oey 669			
	Total:		1'148m	3:30

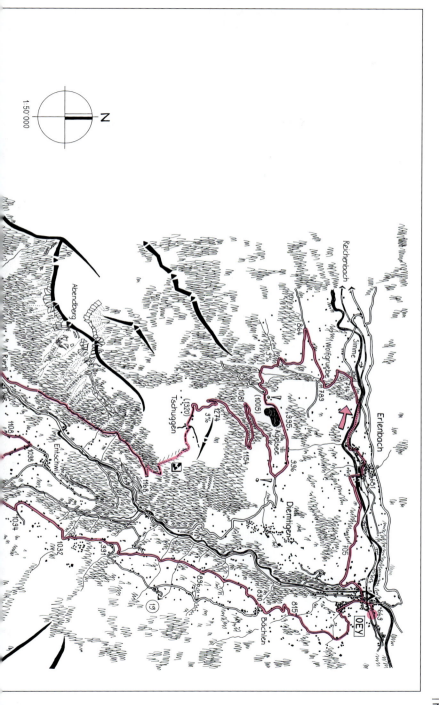

18 Tschuggen–Entschwil

Diese Rundtour führt von Oey über Wiler nach Erlenbach, entlang der Simme, hinauf zum Ägelsee und zum höchsten Punkt nach Tschuggen. Von hier in 10 Minuten zuerst über Karrenspuren, weiter über beinahe wegloses Alpgelände, dann der tiefsten Stelle entlang zum Wald und diesen steil hinunter nach Chilchflue zu einer guten Naturstrasse. Bei Riedli beginnt die wunderschöne ca. 7 km lange Strecke dem Fildrich (Bach) entlang nach Schwenden (Wanderweg). Der Rückweg führt auf der gegenüberliegenden Talseite über Entschwil um den Schwarzenberg zur Walki-Säge und auf der mittleren Fahrstrasse über Bächlen nach Oey.

▲	2
↗	Oey
⊷	Bahn: Bern–Spiez–Oey Strecken: 290/320
	Auto: A6 Wimmis–Oey P beim Viehmarktplatz rechts der Strasse, nach dem Bahnübergang
	47 km
↥	1148 m
⏱	3 ½–4 Std.
	Mai–Oktober
	LK 5009+253 oder 1227+1247
☞	Nach Tschuggen ca. 1 km oder 10 Minuten wegloses Alpgelände.
	78/79

Chirel–Hohniesen — 19

Diese Rundtour führt zum malerischen Dörfchen Diemtigen und dem Bach entlang bis in den Hintersten Chirel. Hier beginnt ein zäher 300 m überwindender Aufstieg zur Hohniesen-Alp mit prächtiger Aussicht auf die tiefer- und gegenüberliegende Bergkette mit Wiriehorn und Schwarzenberg. Der anschliessende Fussweg ist teilweise ausgesetzt, kann aber auf 1/3–1/2 seiner Länge befahren werden. Vom Hüttli bei Punkt 1762 führt ein ruppiger Karrweg zur Alp Meienfall hinunter, wo die genussreiche Talfahrt nach Oey mit zwei kurzen Gegenanstiegen beginnt.

▲	3
↗	Oey
⇄	Bahn: Bern–Spiez–Oey Strecken: 290/320 Auto: A6 Wimmis–Oey P beim Viehmarktplatz rechts der Strasse, nach dem Bahnübergang
⊢⊣	26.6 km
⇞	1292 m
⏱	2 ½–3 Std.
☀	Juni–Oktober
🗺	LK 5009+253 oder 1227+1247
⚠	Im Spätherbst und nach längeren Feuchtperioden ist der Weg über die Hohniesenalp besonders schwierig.
↬	82/83

19 Chirel–Hohniesen

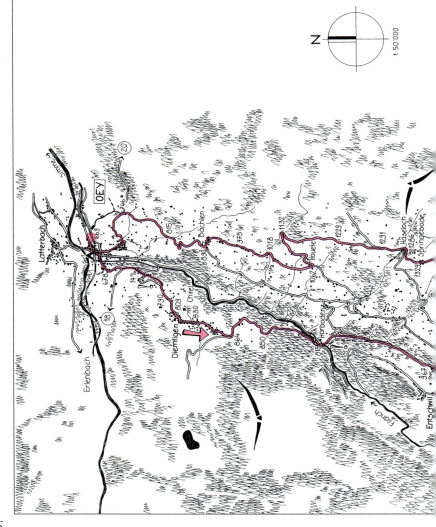

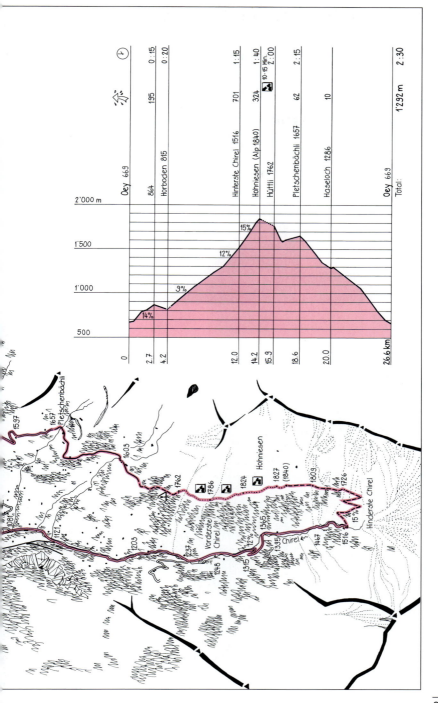

19 Diemtigen

19 Chirel mit Schwarzenberg

Obers Heiti 20

Eine grossartige Rundtour am Eingang zum Simmental, die mit einer hübschen Einrollstrecke von Wimmis über die Velo-Holzbrücke nach Reutigen beginnt und im Schattig Wald gleichmässig ansteigend bis zum Sattel hinter dem Heitihubel hinauf führt. Ein nahezu überwachsener Karrenweg beginnt 60 m tiefer und leitet hinauf nach Obers Heiti, am Schluss teilweise über feuchte Wiesen. Die Talfahrt über die Südhänge beginnt auf Alp-Wegspuren und wird zunehmend besser. Von Oey bis zum Berggasthaus Chessel säumen prächtige Bauernhäuser den abwechslungsreichen Weg. Die letzte Talfahrt beginnt wieder auf Grasspuren, gefolgt von wenigen Metern Tragestrecke und einer Tempostrecke hinunter nach Wimmis.

▲	2
↗	Wimmis
⊷	Bahn: Bern–Spiez–Wimmis Strecken: 290/320
	Auto: A6 Wimmis P 50 m südwestlich Bahnhof
⟷	30 km
⬆	1170 m
⏱	2 ¾–3 ¼ Std.
☀	Mai–Oktober
📖	LK 253 oder 1207+1227
☞	
↺	86/87

20 Obers Heiti

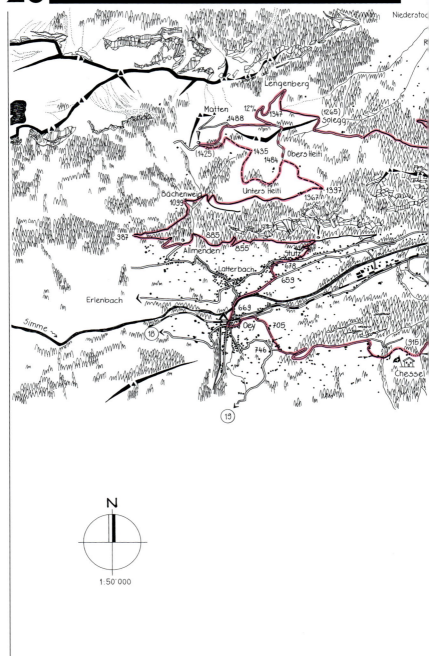

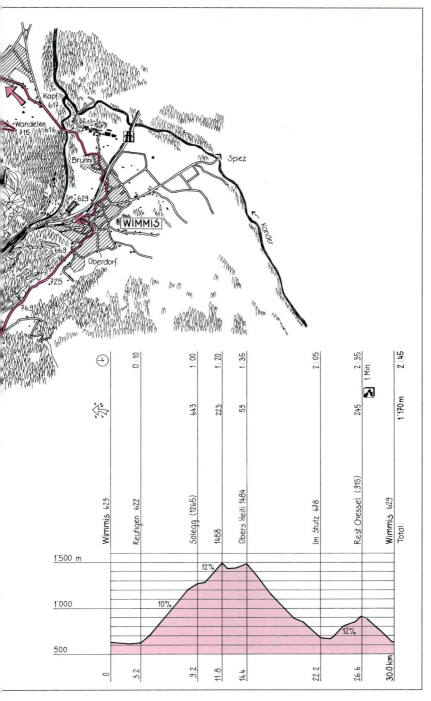

25 Bei Mitholz

Frutigland–Adelboden/Kandersteg

Tour 21	Wätterlatte	
Tour 22	Kiental–Suld	
Tour 23	Latrejenfeld	
Tour 23	Griesalp–Gamchi	
Tour 24	Gasteretal–Nordrampe	
Tour 26	Wyssenmatti	
Tour 27	Sillerebühl–Truniggrat	
Tour 28	Cholere–Alp Metsch	
Tour 29	Spisse-Lisi	
Tour 30	Elsige-Panoramaweg	

21 Wätterlatte

Diese Tour ist wohl eine der grossartigsten im Berner Oberland, mit einer unvergleichbaren Aussicht ins Mittelland wie auch in die vergletscherten Hochalpen mit der Blümlisalp-Gruppe. Auch die Talfahrt durch den obersten Steilhang unterhalb Rengg, mit einem kurzen Gegenanstieg zur Schlussabfahrt, könnte nicht eindrücklicher und genussvoller sein. Diese Einmaligkeit hat ihren Preis mit ca. 30 Minuten Velotragen!

▲	3
↗	Reichenbach im Kandertal
🚂	Bahn: Bern–Spiez–Reichenbach Strecken: 290/301
	Auto: A6 Spiez–Reichenbach P im Dorf bei Pkt. 712
	22.5 km
↑	1201 m
◯	2 ½–3 Std.
	Juni–Oktober
	LK 5004 oder 1227+1228
ℹ	Sehr steile Tragestrecke von ca. 30 Minuten mit 185 m Aufstieg; auf der Südseite des Sattels, ausgesetzt!
	91

Wätterlatte 21

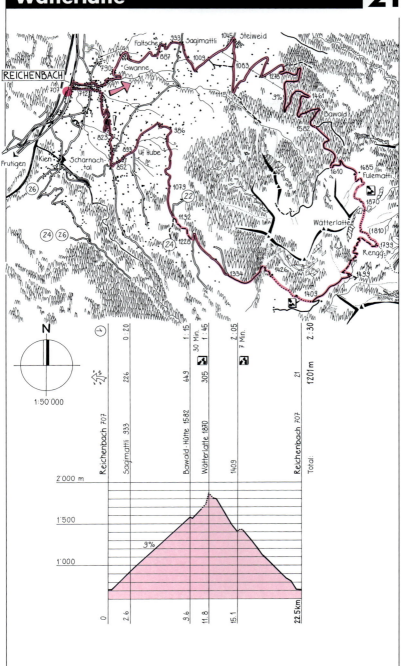

22 Kiental–Suld

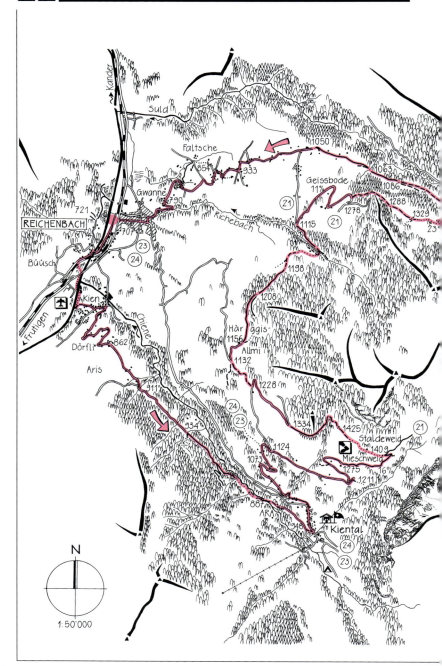

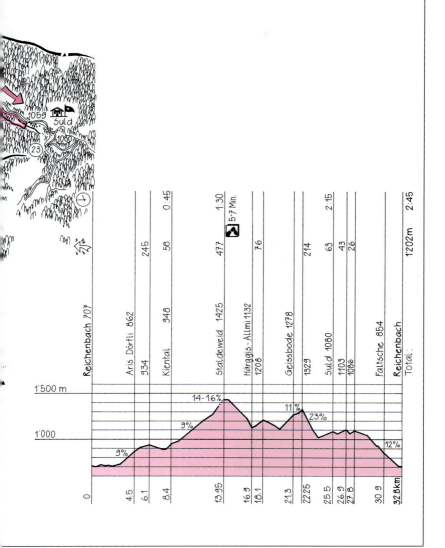

22 Kiental–Suld

Diese Abstecher ins Kien- und ins Suldtal ermöglichen einen guten Einblick in das vielfältige und für den MTB-Sport besonders interessante Gebiet am Fusse des imposanten Dreigestirns der Blümlisalp. Die Tour bietet dank ihres abwechslungsreichen Streckenpofils mit relativ kurzen Aufstiegen und gut fahrbaren Wegen mit nicht allzu schwierigen Abfahrten alles was man sich für eine interessante Einsteiger- oder Trainingstour wünscht.

▲	2
↗	Reichenbach im Kandertal
⇥	Bahn: Bern–Spiez–Reichenbach Strecken: 290/301
	Auto: A6 Spiez–Reichenbach P im Dorf bei Pkt. 712
⟷	32.8 km
⬆	1202 m
⏱	3–4 Std.
☀	Juni–Oktober
🗺	LK 5004 oder 1227+1228
📖	
↪	92/93

Latrejenfeld 23

Diese grossartige Tour mit einer nicht ganz einfachen Talfahrt ermöglicht eine neue Alpstrasse ohne anstrengendes Bike-Schieben. Nach dem Aufstieg auf das Plateau von Aeschi führt der Weg entlang dem Suldbach nach Suld und danach gleichmässig anhaltend anstrengend zur Alp Schlieri. Die Alpstrasse windet sich in Serpentinen zur Alp Oberberg und weiter zum fast 2000 m ü. M. gelegenen Latrejenfeld. Die hier ansetzende Talfahrt folgt mehr oder weniger in der Falllinie den nicht immer ersichtlichen Wegspuren zur Alp Eggmittelberg. Der Einbau von ein paar Kurven kann nur empfohlen werden. Der weitere, lange und gut ausgebaute Talweg führt in den hinteren Spiggengrund und nach Kiental hinunter, wo eine Zwischenverpflegung im lauschigen Gartenrestaurant gut tut. Zum Schluss hat die Tour ein paar Leckerbissen zu bieten, bevor sie endgültig im Talgrund anlangt.

▲	3
↗	Mülenen im Kandertal
⇆	Bahn: Bern–Spiez–Mülenen Strecken: 290/301
	Auto: A6 Spiez–Mülenen P beim Bahnhof
↔	40.2 km
↥	1545 m
⏱	4–5 Std.
☀	Juni–Oktober
🗺	LK 5004 oder 1227+1228+1248
ℹ	
🔖	96/97

23 Latrejenfeld

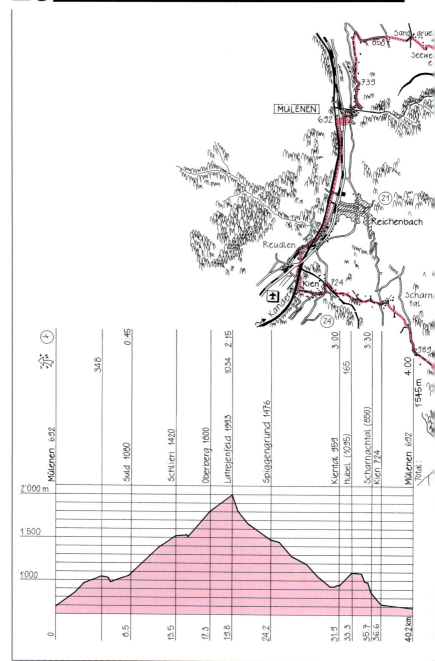

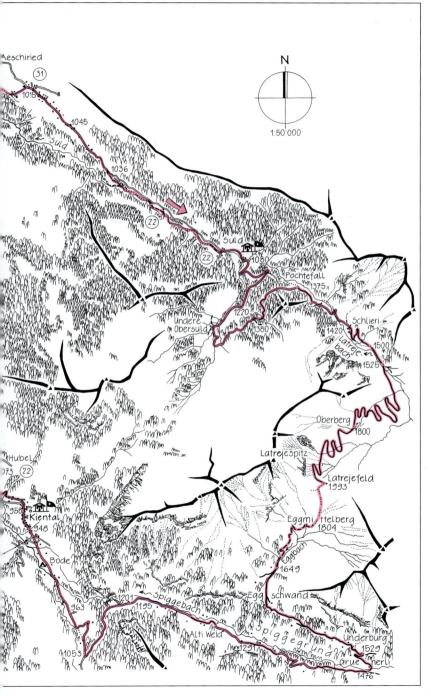

24 Griesalp–Gamchi

Punkto Höhenmeter, Länge, Ernsthaftigkeit und landschaftlichen Eindrücken die ultimative Panorama-Tour im Kiental! Nach einem längeren Aufstieg über Asphaltstrassen wird über die Nord-Krete des Gehrihorns und einsame Wege Ramslauenen erreicht (Sesselbahn-Bergstation). Der hier beginnende Guggerweg ist einfach zu befahren, aber auch ein beliebter Wanderweg mit kurzen Gegensteigungen. Leider gibt es keinen fahrbaren Höhenweg zur Griesalp, so dass die steile Strasse vom Tschingelsee zum Berghotel Griesalp hinauf zu kurven ist. Weniger steil zur Obere Dünde-Alp. Hier beginnt die Ernsthaftigkeit mit anstrengenden Anstiegen und einer nicht ganz einfachen Abfahrt zur Obere Bundalp. Für ein kurzes Stück wirds nochmals einfacher, bevor der steile und nur im unteren Bereich fahrbare Aufstieg zur Krete bei Oberloch nochmals Kraft und Ausdauer erheischt. Die Abfahrt nach Gamchi ist im oberen Teil felsig und ausgesetzt (Laufstrecke), im Mittelteil fahrbar und im Schlusshang nochmals zu steil. Von Gamchi (Alp-Bewirtung) führt eine Canyon-Route zur wiederum lieblichen Gorner-Alp. Mit der eingefahrenen Müdigkeit ist der Rest der Tour dankbar einfacher zu bewältigen.

▲	4
↗	Reichenbach im Kandertal
🚉	Bahn: Bern–Spiez–Reichenbach Strecken: 290/301
	Auto: A6 Spiez–Reichenbach P im Dorf bei Pkt. 712
↔	48.8 km
⬆	2220 m
⏱	6 ½–7 ½ Std.
	Ende Juni–Oktober
🗺	LK 5004 oder 1227+1228+1248
ℹ	Nach Ramslauenen viel begangener Wanderweg, der umfahren werden kann.
	100/101

21 Rengg gegen Blümlisalpgruppe

24 Chüeweid mit Niesen

24 Griesalp–Gamchi

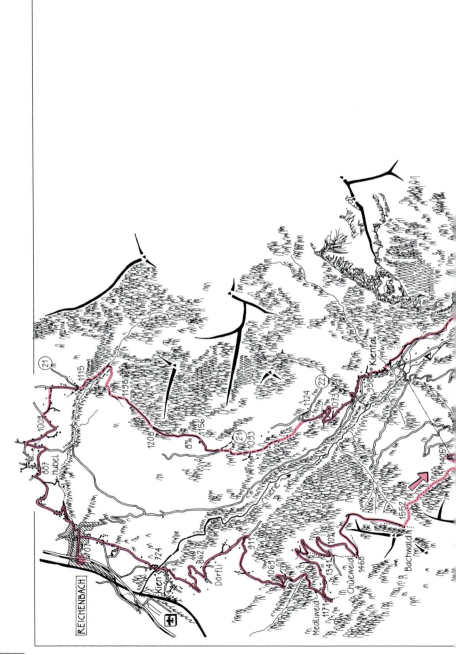

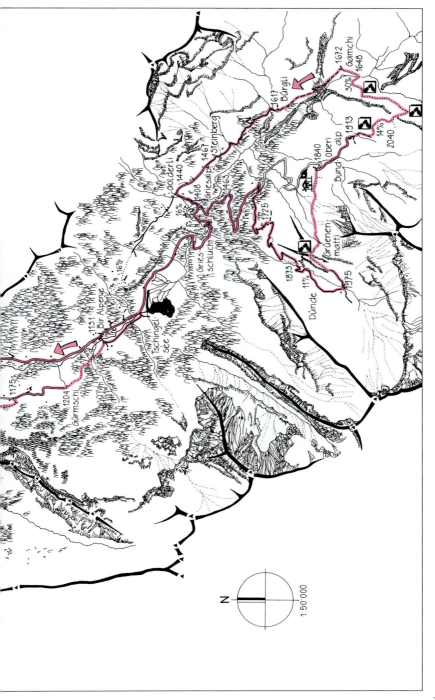

24 Griesalp–Gamchi

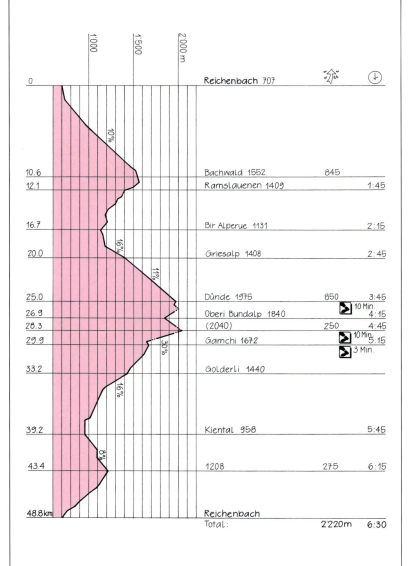

24 Bachwald mit Thunersee

24 Abstieg zum Gamchi

25 Gasteretal–Nordrampe

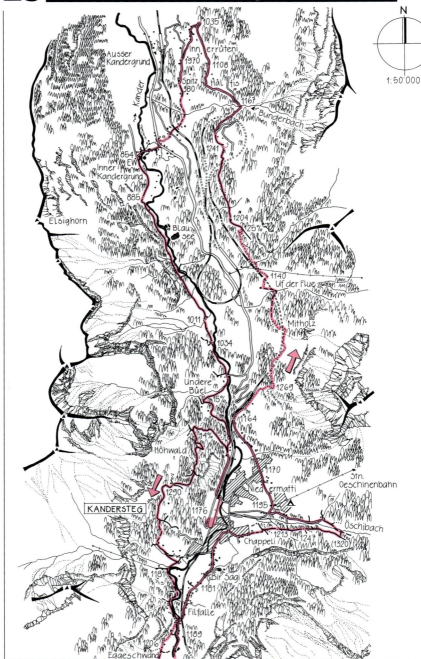

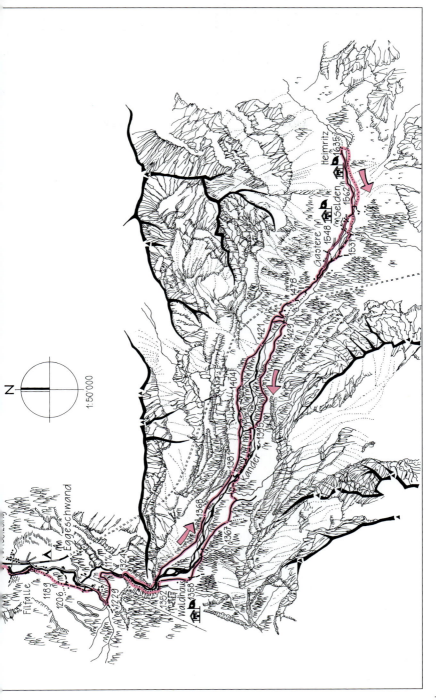

25 Gasteretal–Nordrampe

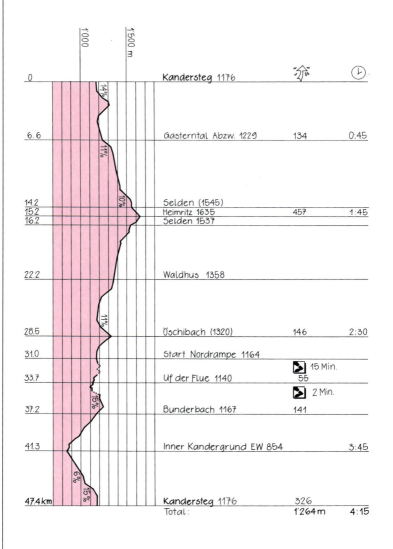

km			
0	Kandersteg 1176		
6.6	Gasterntal Abzw. 1229	134	0:45
14.2	Selden (1545)		
15.2	Heimritz 1635	457	1:45
16.2	Selden 1537		
22.2	Waldhus 1358		
28.5	Üschibach (1320)	146	2:30
31.0	Start Nordrampe 1164		
33.7	Uf der Flue 1140	55	15 Min.
37.2	Bunderbach 1167	141	2 Min.
41.3	Inner Kandergrund EW 854		3:45
47.4 km	Kandersteg 1176	326	
	Total:	1'264 m	4:15

Gasteretal–Nordrampe 25

Das Gasteretal und die Lötschbergbahn-Nordrampe bieten einmalige Erlebnisse: Das Gasteretal als eindrückliches Trogtal mit hohen, steilen Bergflanken und einem flachen Talboden, von dem aus sich die Berggipfel und die Naturgewalten nur erahnen lassen, die von ihnen ausgehen. Hier ist Pure-Biken angesagt; ein leichtes hinaufgleiten, gefolgt von fast fliegender Leichtigkeit bei der Talfahrt. Das Gegenteil bietet die Nordrampe, wo mit einfachster Technik vor bald 100 Jahren das Bahntrassee dem Berg mit Kehrtunnels, Galerien, Lawinenverbauungen und Viadukten abgerungen wurde. Ganz anders der Weg, der an diesen imposanten Bauwerken vorbeiführt: steil, ausgesetzt und teilweise sehr ruppig, was auch bei der Talfahrt einiges an Kondition und Technik abverlangt. Die gegenüberliegende Talseite ist zum Einfahren und Ausklingen mild gestimmt.

▲	3
↗	Kandersteg
🚆	Bahn: Bern–Spiez–Kandersteg Strecken: 290/301 Auto: A6 Spiez–Kandersteg P diverse öffentliche im Dorf
↔	47.5 km
⬆	1264 m
🕐	4 ½–5 ½ Std.
☀	Mitte Juni–Oktober
🗺	LK 5004 oder 1227+1247+1267+1268
ℹ	
📖	104–106

23 Mittelberg mit Rengglipass

23 Latrejenfeld gegen Eggmittelberg

Wyssenmatti 26

Diese Tour führt fast ausschliesslich über gut ausgebaute Alpstrassen und ist deshalb auch für weniger geübte MTB-FahrerInnen geeignet. Die Höhendifferenz darf jedoch nicht unterschätzt werden. Entsprechend eindrucksvoll ist die Aussicht in die Hochalpen um den Altels. Die Rückfahrt im Talgrund (ab Kanderbrück) folgt der rot beschilderten Veloroute.

▲	1
↗	Reichenbach im Kandertal
⇄	Bahn: Bern–Spiez–Reichenbach Strecken: 290/301
	Auto: A6 Spiez–Reichenbach P im Dorf bei Pkt. 712
⊢⊣	28.5 km
↥	782 m
⊙	2–2 ½ Std.
☀	April–Oktober
▦	LK 5004 oder 1227+1247
☞	Variante: Vom Pkt. 1428 ca. 3 km resp. 30 Min. bis Ober Geeren; zu Fuss aufs Gehrihorn (1 Std.).
↝	110/111

26 Wyssenmatti

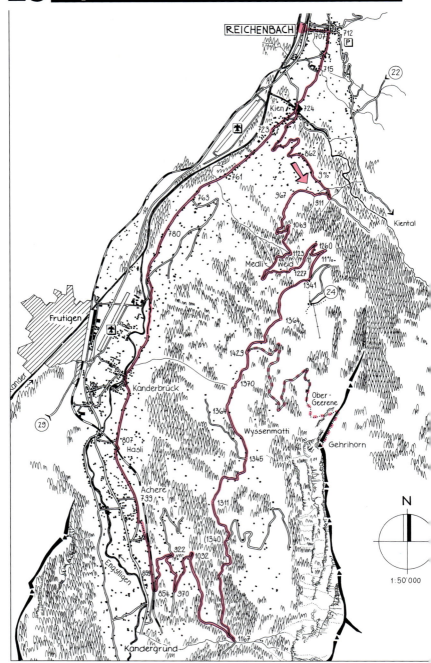

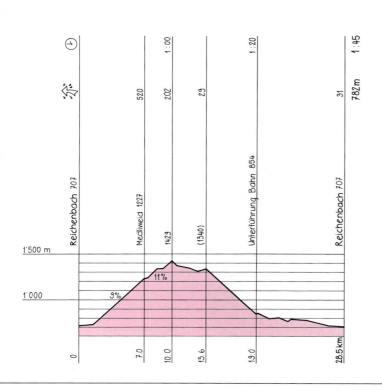

27 | Sillerbühl-Truniggrat

Eine spannende, abwechslungsreiche MTB-Rundtour in die obersten Talkessel des Engstligentals, die ein eindrückliches Panorama vom Gsür über Albristhorn, Wildstrubel bis Lohner bietet. Die Tour ist fahrtechnisch wenig anspruchsvoll. Bei den zwei höchsten Punkten hat es je eine Tragestrecke.

▲	2
↗	Adelboden
🚌	Bahn/Bus: Bern–Spiez–Frutigen–Adelboden Strecken: 290/300/300.20 Auto: A6 Spiez–Frutigen–Adelboden P bei Sillerenbahn vor dem Dorf
↔	26.5 km
⤒	1176 m
⏱	2 ½–3 Std.
☀	Juni–Oktober
🗺	LK 5009 oder 1247+1267
ℹ	Tragstrecken von ca. 5 und 15 Minuten! Die Teilstrecken nach Sillernbühl und über den Truniggrat sind gelb resp. blau markiert.
↯	113

Sillerbühl–Truniggrat 27

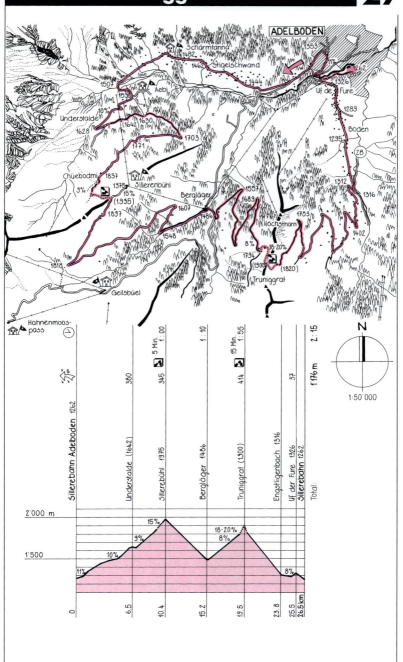

28 Cholere–Alp Metsch

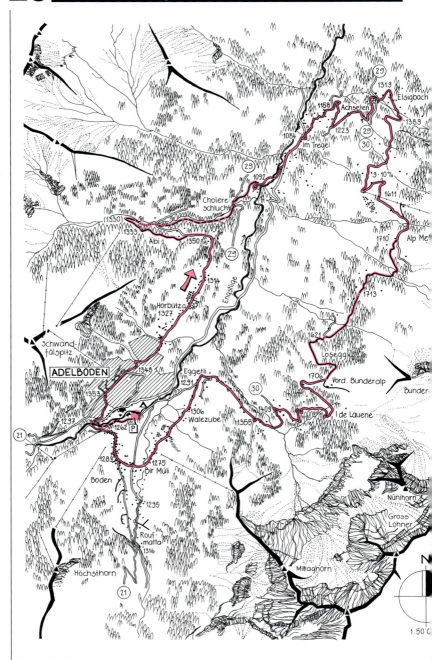

28 Cholere–Alp Metsch

Diese Tour den beiden Talseiten entlang bietet landschaftliche Abwechslung und viel genussreiches Biken. Nach einem kurzen Aufstieg nach Adelboden, einer Dorfpromenade und einem Stück Kulturweg beim Dorfausgang folgt eine tolle Fahrt die Cholereschlucht hinunter. Nach der Überquerung des Talgrundes und der Hauptstrasse beginnt ein langer gleichmässiger Aufstieg bis zur Alp Metsch. Zur Vorderen Bunderalp fällt und steigt die Strasse je zwei Mal. Nun beginnt eine herrliche Talfahrt, um am Schluss mit kleinen Steigungen über eine Schleife im Talboden an den Ausgangsort zurück zu kehren.

	1
	Adelboden
	Bahn/Bus: Bern–Spiez–Frutigen–Adelboden Strecken: 290/300/300.20 Auto: A6 Spiez–Frutigen–Adelboden P bei Sillerenbahn vor dem Dorf
	30.8 km
	989 m
	2–2 ½ Std.
	Juni–Oktober
	LK 5009 oder 1247
	114/115

Spisse-Lisi 29

Diese eindrückliche Rundtour benützt im Aufstieg die alte Adelbodenstrasse, die als leichte Velotour von Adelboden nach Frutigen als «Vogellisi-Tour» bezeichnet ist. Der interessante und landschaftlich einmalige Teil beginnt bei der Chollereschlucht und dem hier beginnenden Spissenweg (Spisse = Graben), der durch felsdurchsetzte Rutschhänge, über steile Matten und Licht durchflutete Waldpartien führt. Mit zunehmender Länge wird der Weg besser und fahrbarer. Das letzte Stück der Tour führt gemütlich der Engstlige entlang zurück nach Frutigen.

▲	3
↗	Frutigen
🚂	Bahn: Bern–Spiez–Frutigen Strecken: 290/300 Auto: A6 Spiez–Frutigen P beim Bahnhof oder auf dem Flugplatz
↔	32.5 km
⛰	944 m
🕐	2 ½–3 Std.
☀	Ende Mai–Oktober
🗺	LK 5009 oder 1227+1247
⚠	Die oberen zwei Gräben des Spissenwegs sind ausgesetzt! Leichtere Variante: Bei Elsigbach ins Tal hinunter, 1 km der Kantonsstrasse folgen und beim dritten Graben einsteigen.
↪	118/119

29 Spisse-Lisi

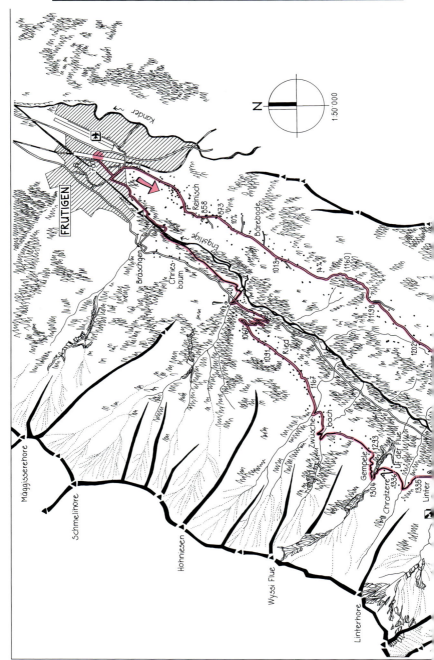

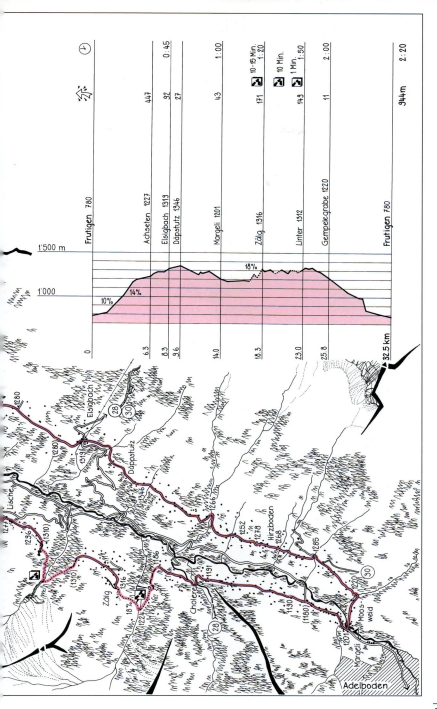

27 Truniggrat mit Engstligenalp

29 Zweite Spisse

Elsige-Panoramaweg 30

Die Tour beginnt gemütlich in der Auenlandschaft entlang der wilden Engstlige, meist leicht ansteigend, mit ganz kurzen steileren Abschnitten über die Seitenbäche. Ein ca. 2 km langes Stück folgt die Route der alten und der neuen Kantonsstrasse um dann über Elsigen in den hinteren Talgrund unter der Engstlenalp zu gelangen. Der nun folgende Aufstieg ist anhaltend steil und zäh, bis die Höhe der Bunderalp erreicht wird. Der Weg über die Metschalp auf Elsigen führt an einem idyllisch in eine Waldlichtung eingefügten Speichersee vorbei, zuletzt nochmals steil ansteigend. Kurz unterhalb der Gondelbahn-Bergstation beginnt der Panoramaweg, der auf dem ersten Kilometer kaum fahrbar ist. Umso interessanter und mit einer grandiosen Aussicht belohnt folgt der fast nicht endende Weg ins Tal zurück.

	3
	Frutigen
	Bahn: Bern–Spiez–Frutigen Strecken: 290/300
	Auto: A6 Spiez–Frutigen P beim Bahnhof oder auf dem Flugplatz
	42 km
	1530 m
	4 ½–5 ½ Std.
	Ende Juni–Oktober
	LK 5009 oder 1227+1247
	122/123

30 Elsige-Panoramaweg

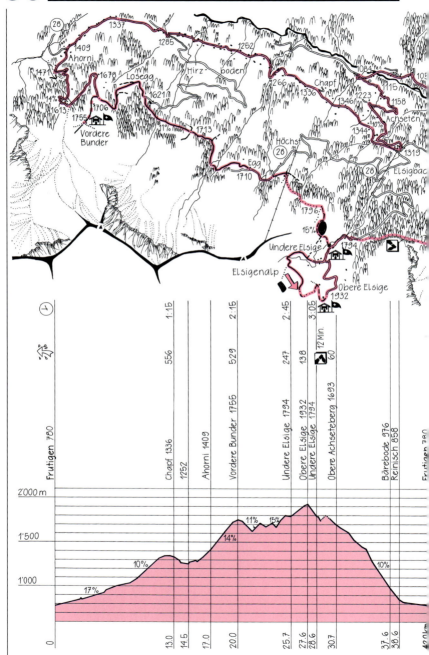

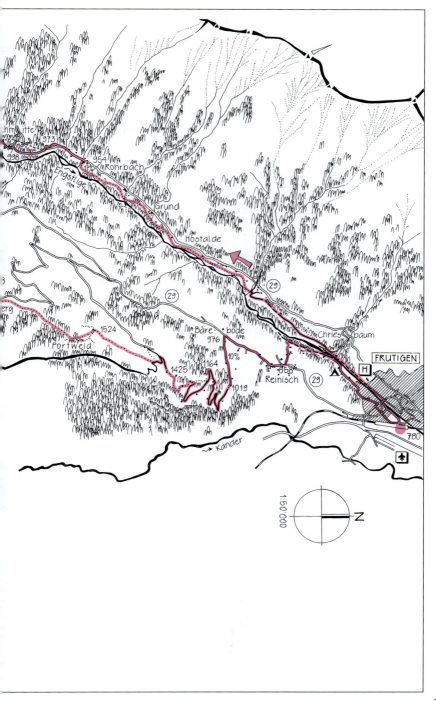

35 Schwendi bei Sigriswil

Thunersee

Tour 31	Aeschiallmi–Leissigbärgli	
Tour 32	Blueme	
Tour 33	Sichle	
Tour 34	Waldegg	
Tour 35	Grüenenbergpass	

31 Aeschiallmi–Leissigbärgli

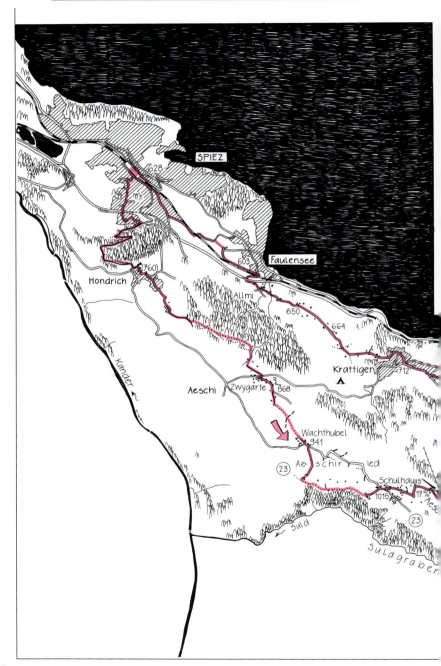

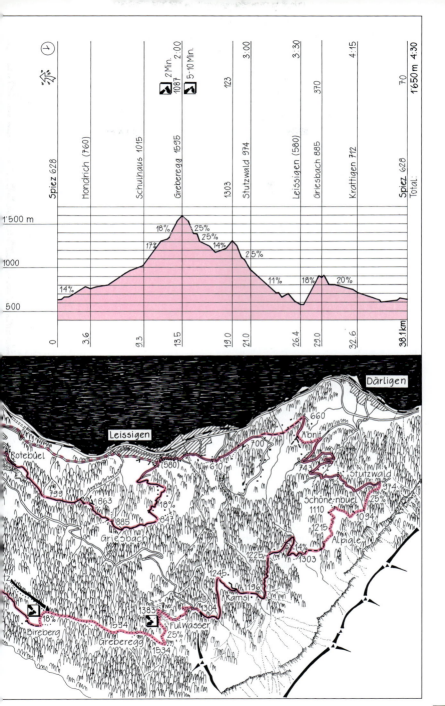

31 Aeschiallmi–Leissigbärgli

„Aus der Stadt auf die Alp" ist das Motto dieser Tour, um von den Hügelzügen über dem Thunersee die Aussicht zu geniessen. Bereits nach wenigen Minuten beginnt im Wald eine andere Welt, die über den Hondrich (Bergbauernschule) und Aeschiallmi hoch über dem Suldtal zur Greberegg führt. Von der Krete aus bietet sich eine der schönsten Rundsichten über den Thunersee und in die Hochalpen. Die Talfahrt über Fulwasser bis zur tiefer gelegenen Forst- und Alpstrasse ist sehr steil und mehrheitlich nass (Riedmatten); aber Achtung, die Abzweigung nach Osten nicht verpassen, sonst wirds noch schlimmer! Die Strasse nach Leissigbärgli bietet von rassigen Abfahrten bis zum letzten steilen Aufstieg fast alles, auch mal ein Reh, das den Weg quert. Die weitere Talfahrt über Alpigle und der Singletrail, der nach Ättenboden beginnt, sind mehr als nur Entschädigung für die vernässten Stellen.

▲	3
↗	Spiez
⊷	Bahn: Bern–Spiez Strecken: 290
	Auto: A6 Spiez P bei Autobahnausfahrt Seite Spiez
⊢⊣	38.1 km
↥	1650 m
◐	4 ½–5 ½ Std.
☀	Mai–Oktober
▦	LK 5004 oder 1207+1227+1228
ℹ	Der ehemals eindrückliche Wanderweg von Meidisalp nach Hellboden ist seit dem Unwetter vom August 2005 nicht mehr passierbar, so dass die tiefer gelegene Route über Leissigen nach Krattigen genommen werden muss.
⤳	126/127

Blueme 32

Diese Voralpentour ist ideal für die Übergangszeit und heisse Tage. Der Aufstieg führt mehrheitlich durch bewaldetes Gebiet und bietet dennoch immer wieder herrliche Ausblicke zu den Berner Alpen, auf den Thunersee und weit hinein ins Mittelland und Emmental. Bei guten Sichtverhältnissen kann vom Aussichtsturm auf der Blueme ein grosser Teil der Jurakette überblickt werden. Ausser zwei kurzen Stücken beim Aufstieg zur Blueme und wenigen Metern auf der Talfahrt ist die Strecke fahrtechnisch einfach.

▲	1
↗	Thun
⇆	Bahn: Bern–Thun Strecke: 290
	Auto: A6 Thun Nord P in Parkhäusern und gebührenpflichtigen Plätzen
⟷	28 km
⇡	884 m
⏱	2 ¼–3 ¼ Std.
	April–November
🗺	LK 5004 oder 1207+1209
⚠	Der Thuner Aarequai ist Samstag 13.00–Sonntag 24.00 Uhr für Velos gesperrt!
	130/131

32 Blueme

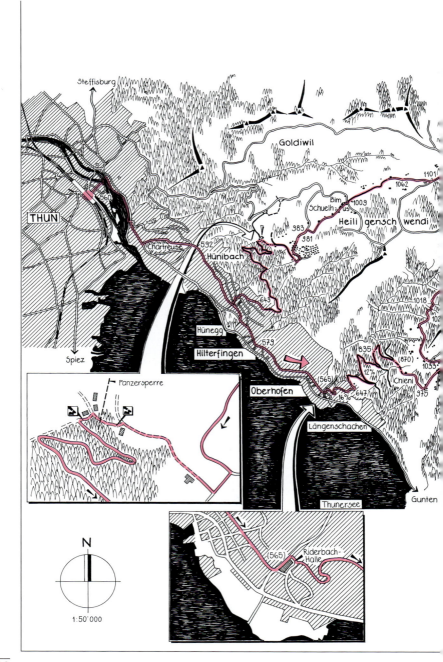

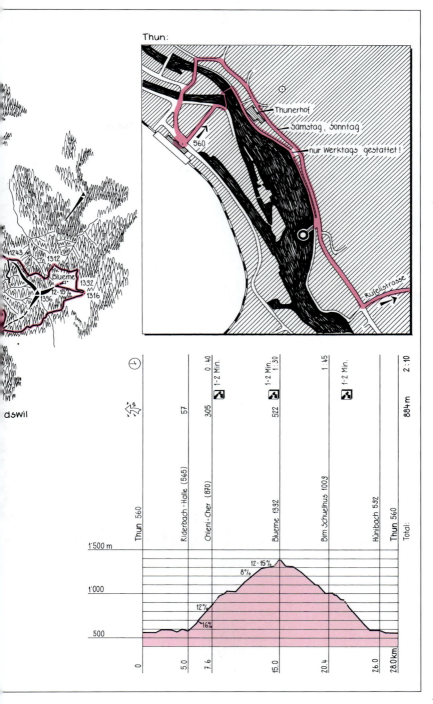

31 Leissigbärgli mit Thunersee

34 Zwischen Habkern und Waldegg

Sichle 33

Diese Rundtour um das Sigriswiler Rothorn ist landschaftlich einmalig und abwechslungsreich. Sie erfordert mit einer 3 km langen «Tragstrecke», die teilweise fahrbar ist, gute Kondition und eine sichere Fahrtechnik. Bereits der Aufstieg zur Grönhütte ist teilweise steil, jedoch gut fahrbar. Von Grön bis Hinterstberg folgt ein relativ flaches Stück zum Verschnaufen. Darauf folgt ein kurzer, sehr steiler, jedoch fahrbarer Abschnitt bis Oberhofner (1450). Von da bis zur Sichle (1679) muss der grösste Teil getragen werden, ebenso hinter der Sichle geht es anfänglich sehr steil hinunter, wird aber immer flacher und fahrbarer. Erst auf der Westseite des Rothorns, in Oberes Hörnli beginnt die nächste Fahrstrasse. Ein weiteres kürzeres Tragstück befindet sich nahe dem Ausgangspunkt nach der letzten Steigung am Ende einer Fahrstrasse als Verbindung über eine Wiese zur nächsten Strasse.

	4
	Merligen
	Bahn/Bus: Bern–Thun (oder Interlaken)–Merligen (Haltestelle Kreuz); Strecken: 290/300.70
	Auto: A6 Thun Nord, rechtes Seeufer bis Merligen P beschränktes Angebot an Strasse
	30.5 km
	1385 m
	3 ½–4 Std.
	Juli–Oktober
	LK 254 oder 1208
	Lange Trage- und schwierige Fahrstrecken! An schönen Wochenenden (zu) viele Wanderer!
	134/135

33 Sichle

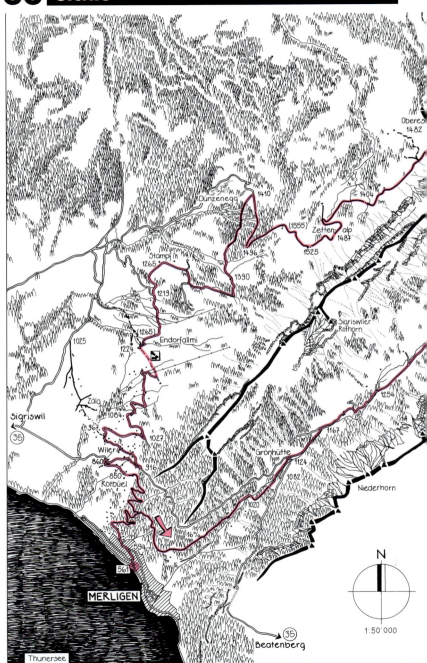

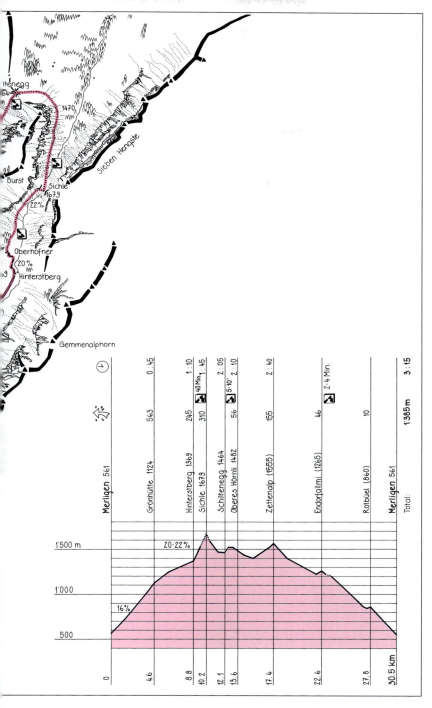

34 Waldegg

Wälder, Waldwege und dazwischen steile Matten sind ständige Begleiter dieser Tour. Der erste Teil führt durch Interlaken und das Städtchen Unterseen am Fusse des Harders an den Lombach. Nun kurz der Strasse nach Beatenberg folgen, um entweder steil nach der ersten Kehre oder gemächlich bei der dritten Kehre nach Rüti zu gelangen, wo der erste Teil der ausgedehnten Singletrails nach Habkern beginnt. Kurz vor Habkern wendet die Tour, um über den oberen Wanderweg zurück nach Waldegg zu gelangen. Die Talfahrt lässt sich nach den eher anstrengenden ca. 5 km Singletrail umso mehr geniessen.

	3
	Interlaken West
	Bahn: Bern–Interlaken West Strecken: 290/300 Auto: A6 Interlaken West oder Ost P gebührenpflichtige Plätze bei Schiffstation Interlaken West oder beim Bahnhof Interlaken Ost
	26.5 km
	891 m
	2 ½–3 ½ Std.
	Mai–Oktober
	LK 5004 oder 254 oder 1208+1228
	Lohnende Kombination mit Nr. 36
	137

Waldegg 34

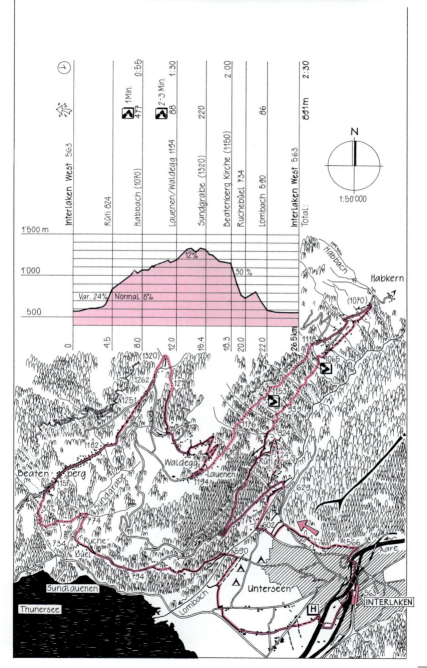

137

32 Aufstieg zur Blueme mit Blüemlisalpgruppe

32 Ob Äbnit mit Goldiwil

Grüenenbergpass 35

Lange, abwechslungsreiche und landschaftlich reizvolle Rundtour mit teilweise holpriger Talfahrt vom Grüenenbergpass bis Grüenenbergli. Während die Seeseite Voralpencharakter besitzt, weist die Seite von Eriz die typischen Merkmale des Emmentaler Hügelgebiets mit tief eingeschnittenen Gräben auf. Diese Tour mit fast 2000 Höhenmeter Aufstieg steht deutlich in landschaftlichem Kontrast zu den übrigen Touren dieser Schwierigkeit.

▲▲	3
↗	Gunten
⇄	Bahn/Bus: Bern–Thun (oder Interlaken)–Gunten Strecken: 290/300.70 Auto: A6 Thun Nord; rechtes Seeufer bis Gunten P 50 m westlich vor Ortstafel längs Uferstrasse
⊢⊣	64.6 km
⬆	1959 m
⏱	4 ½–6 Std.
☀	Juni–Oktober
▦	LK 254 oder 1208
☞	Variante: Von Merligen via Seestrasse nach Habkeren und von dort zum Holzplatz (1170) oder mit der Standseilbahn von Beatenbucht nach Beatenberg; ev. in Kombination mit Nr. 34 (minus 1 Std.; -11.5 km; -560 Höhenmeter).
↯	140–143

35 Grüenenbergpass

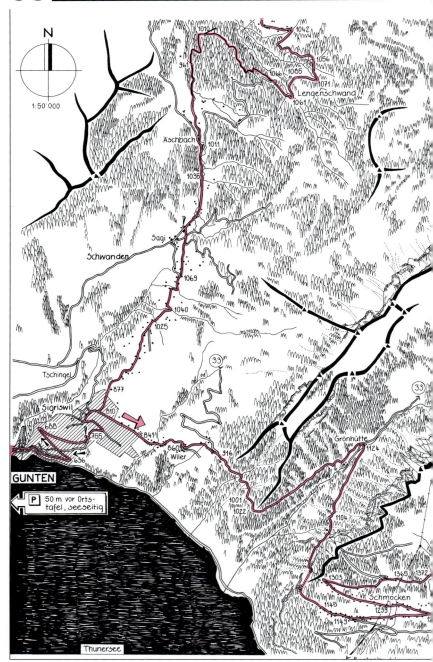

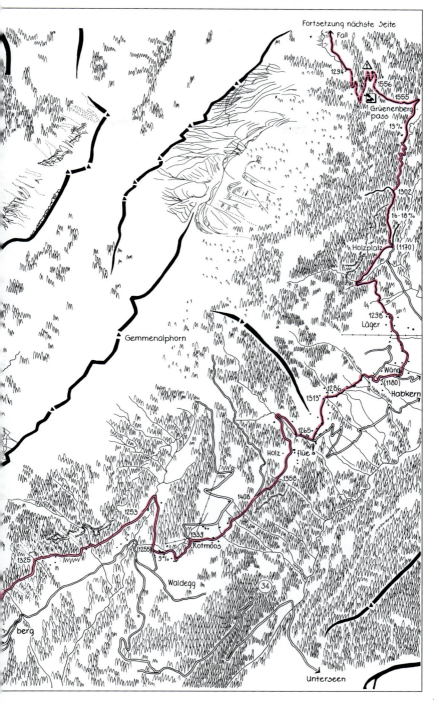

141

35 Grüenenbergpass

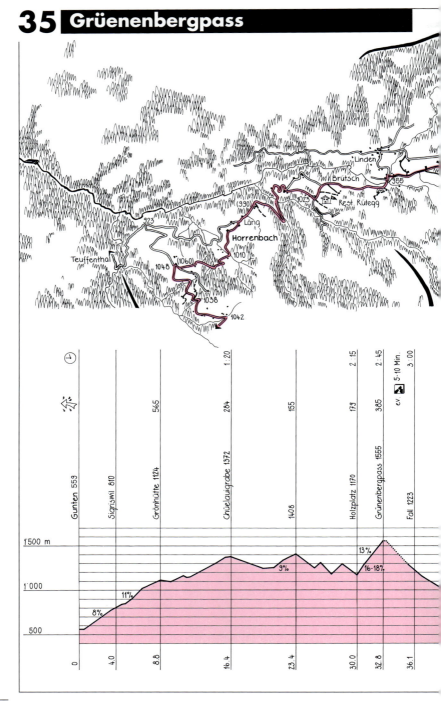

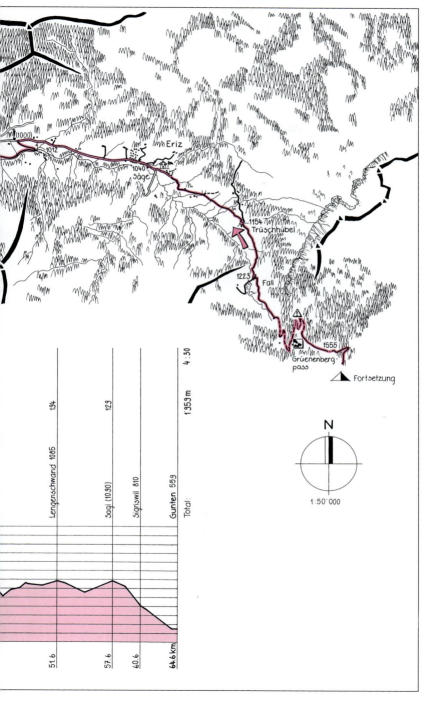

38 Grosse Scheidegg gegen Kleine Scheidegg/Silberhorn

Jungfrauregion

Tour 36	Lombachalp	
Tour 37	Mürren–Stechelberg	
Tour 38	Grosse Scheidegg	
Tour 39	Kleine Scheidegg	
Tour 40	Bachalp–First	
Tour 41	Grindelwald-Panorama	
Tour 42	Brienzersee	

36 Lombachalp

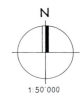

1:50'000

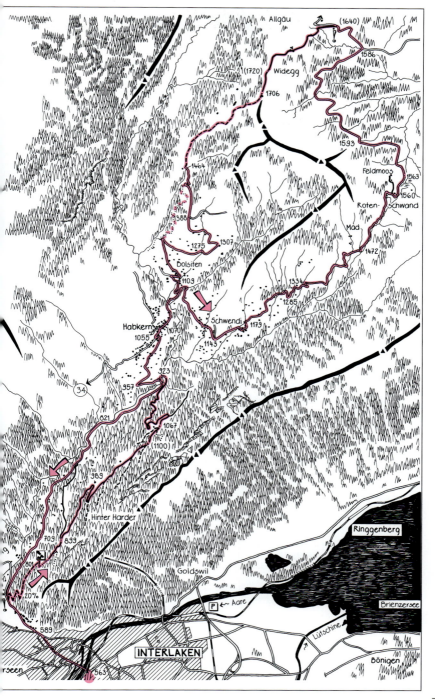

36 Lombachalp

Die Lombachalp ist eine der schönsten Moorlandschaften des Berner Oberlands mit prächtiger Aussicht vom Augstmatthorn bis zum Hohgant. Nach dem Städtchen Unterseen, bei der Verzweigung Beatenberg–Habkern, führt ein steiler Karrenweg den Harderwald hinauf (kurze Tragstrecke) und über gut ausgebaute Forststrassen gehts zur alten Lombachbrücke an der Habkernstrasse hinunter. So kann im Aufstieg die eintönige Talstrasse umgangen werden. Von Habkern gehts angenehm steil im Schatten des Augstmatthorns zur Lombachalp und flacher zur Widegg (1720). Hier beginnt eine interessante Talfahrt über einen grasüberwachsenen, steinbesetzten Karrweg. Der untere Teil und die Rückfahrt nach Interlaken erlauben ein berauschendes Tempo.

▲	2
↗	Interlaken West
⇢	Bahn: Bern–Interlaken West Strecken: 290/300
	Auto: A6 Interlaken West oder Ost P gebührenpflichtige Plätze bei Schiffstation Interlaken West oder beim Bahnhof Interlaken Ost
⟷	35.4 km
⇡	1377 m
⏲	2 ¾–3 ¼ Std.
☀	Juni–Oktober
🗺	LK 5004 oder 1208
ℹ	Variante: technisch anspruchsvoller und interessanter ist die Talfahrt nach Habkern über den Wanderweg (Schwierigkeit 3).
↪	146/147

Mürren-Stechelberg 37

Die Rundtour über Mürren ist kurz gesagt eine «Alpine Offenbarung» vor der einmaligen Kulisse von Eiger, Mönch und Jungfrau bis Breithorn. Die lange Talfahrt über Gimmelwald und durchs Sefinental nach Stechelberg, mit wildromantischer Landschaft und einzelnen steilen oder holperigen Passagen ist ein Biker-Highlight. An schönen Sonntagen werden die landschaftlich reizvollen Abschnitte zwischen Winteregg und Mürren sowie auf der alten Talstrasse nach Stechelberg viele Ausflügler anziehen (ev. die neue Strasse von Stechelberg bis Lauterbrunnen benützen). Interessant ist die Kombination mit der Tour Nr. 39 auf der rechten Seite der Lütschine (markierter Radweg von Lauterbrunnen nach Wilderswil).

	2
	Lauterbrunnen
	Bahn: Bern–Interlaken Ost–Lauterbrunnen Strecken: 290/300/311
	Auto: A6 Interlaken–Lauterbrunnen P Bahnhof Lauterbrunnen (gebührenpflichtig)
	25.6 km
	916 m
	2 ½–3 Std.
	Mai–Oktober
	LK 5004 oder 1228+1248
	Lohnende Variante: Mit der Bahn von Wilderswil bis Lauterbrunnen (die Kantonsstrasse ist eng und stark befahren) und zurück wie Tour Nr. 39; (plus 20 Min.).
	150/151

37 Mürren–Stechelberg

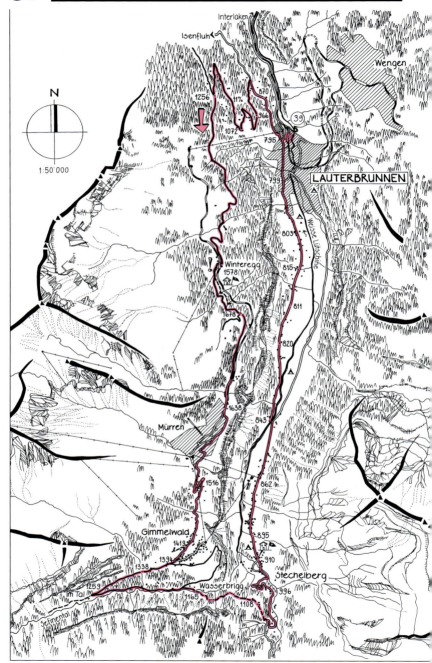

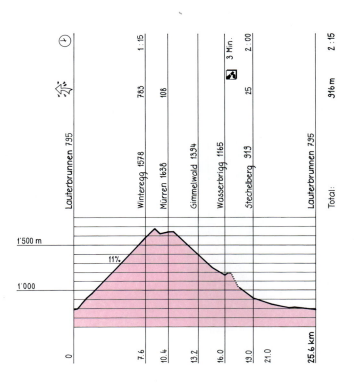

36 Am Bol

34/36 Viehmarkt in Habkern

Grosse Scheidegg 38

Die Grosse Scheidegg ist eine fahrtechnisch einfache, jedoch lange und landschaftlich eindrucksvolle Rundtour, über die auch schon die Tour de Suisse führte. Doch diese Rundtour unterscheidet sich wesentlich von einem Strassenausflug. Neben den überwältigenden landschaftlichen Eindrücken sind es die liebevoll angelegten Radrouten von Interlaken nach Grindelwald und von Meiringen zurück nach Interlaken, die die Tour zu einem besonderen Erlebnis werden lassen. Zudem sind zwischen der Grossen Scheidegg und Alpiglen über Wegabkürzungen tolle Downhills möglich.

▲	2
↗	Interlaken Ost
⇆	Bahn: Bern–Interlaken Ost Strecken: 290/300 Auto: A6 Interlaken Ost P bei Bahnhof Interlaken Ost
⟷	81 km
⬆	1711 m
🕒	4 ½–6 Std.
☀	Juni–Oktober
🗺	LK 5004 oder 1208+1209+1210+1228+1229
ℹ	Die Strecken Interlaken–Grindelwald und Meiringen–Interlaken können auch mit der Bahn zurückgelegt werden.
↪	154–159

38 Grosse Scheidegg

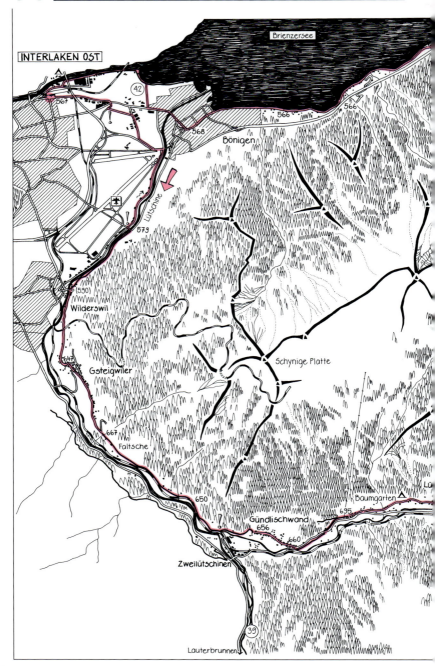

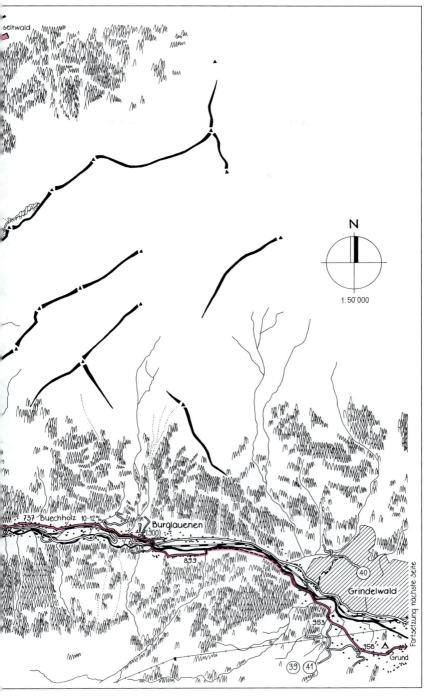

38 Grosse Scheidegg

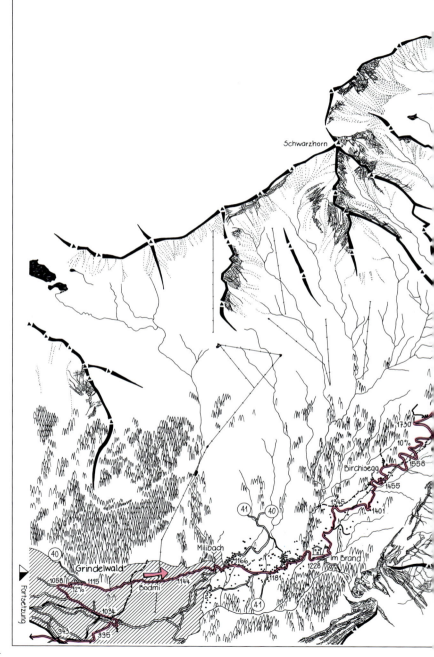

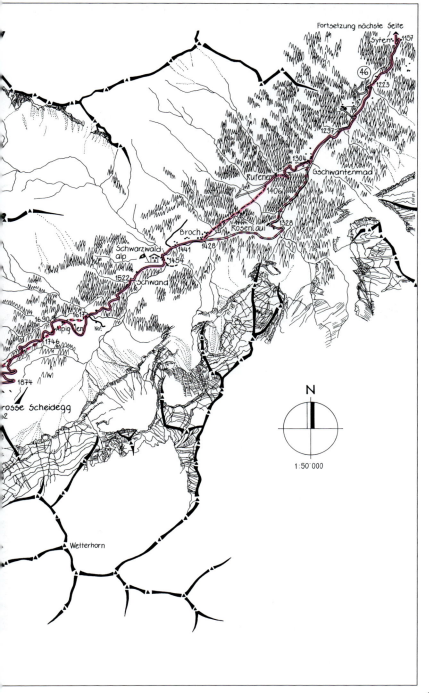

38 Grosse Scheidegg

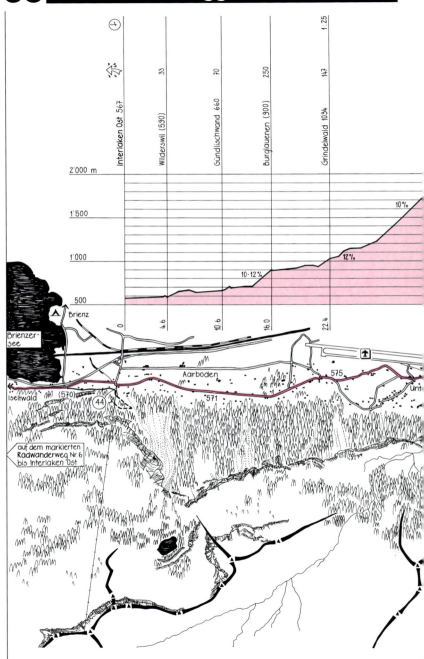

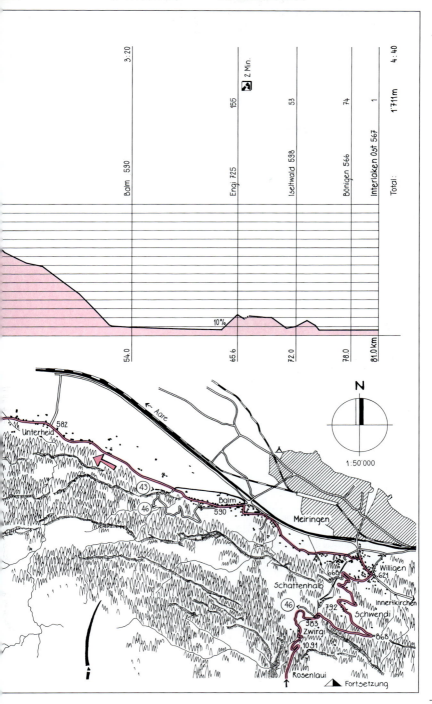

39 Kleine Scheidegg

Diese fantastische Rundtour führt am Fusse der berühmten Eigernordwand vorbei und ist allein schon wegen der 1400 Höhenmeter aufweisenden Talfahrt nach Lauterbrunnen resp. Zweilütschinen ein Bikevergnügen par exelance. Der Aufstieg folgt nicht dem kürzesten Weg, dadurch bietet die Tour weit mehr Abwechslung als die markierten Bikerouten. Kurze Abschnitte erfordern stossen des Velos (Kräfte sparend). Wer sich den 9 km langen Weg von Zweilütschinen nach Grindelwald (Schwendi) mit fast 300 Höhenmeter ersparen will, benützt die Bahn (Zweilütschinen ab im Halbstundentakt). Die Fahrzeit der Talfahrt hängt wesentlich von der Anzahl Wanderer ab. Die Bewunderung vieler Bahnausflügler auf der Kleinen Scheidegg ist garantiert!

▲	3
↗	Zweilütschinen
⇄	Bahn: Bern–Interlaken Ost–Zweilütschinen Strecken: 290/300/311 Auto: A6 Interlaken–Zweilütschinen P beim Bahnhof
⊢⊣	41.2 km
↥	1449 m
⏱	3 ½–4 ½ Std.
☀	Mitte Juni–Oktober
🗺	LK 5004 oder 1228+1229
☞	Viele Ausflügler auf dem Abschnitt Alpiglen–Kleine Scheidegg–Wengen; grösste Rücksicht! Die umgekehrte Fahrtrichtung ist mit längeren steilen Abschnitten verbunden.
↷	161/163

Kleine Scheidegg 39

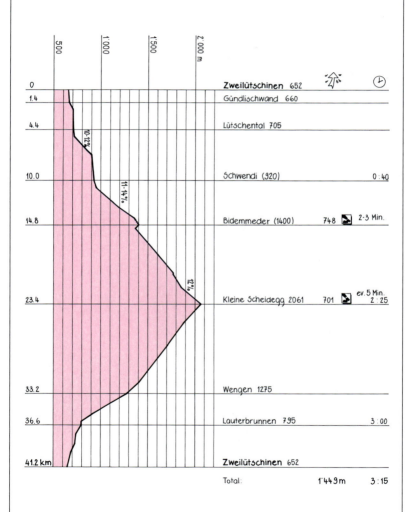

39 Kleine Scheidegg

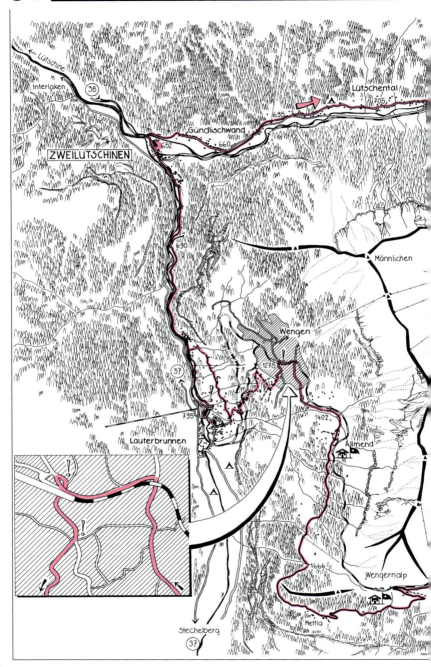

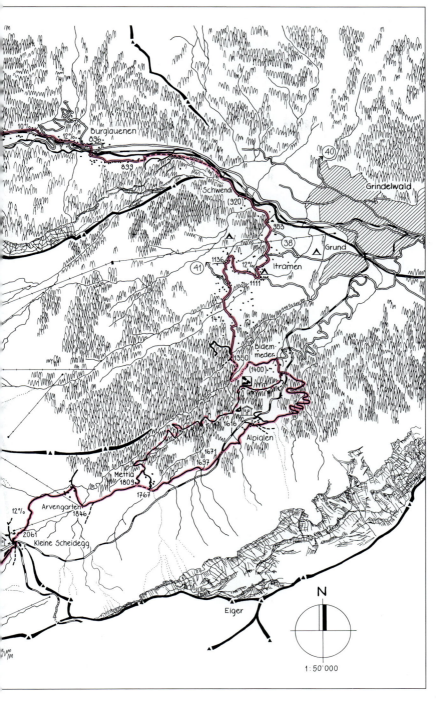

37 Entlang der Sefinen Lütschine nach Stechelberg

Bachalp–First | 40

Landschaftlich eindrucksvolle Trainingstour, die geeignet ist, um Erfahrungen in steilerem Gelände zu sammeln. Der grösste Teil des Aufstiegs liegt im Wald und benutzt gut befahrbare, nicht sehr steile Forst- und Alpstrassen (Top Ten Nr. 2). Der letzte Aufstieg von Bachläger nach First windet sich in engen, teilweise mit Treppenstufen durchsetzte Serpentinen dem Bergziel entgegen. Die Talfahrt (Top Ten Nr. 4) beginnt gemächlich (Wanderer) und wird zunehmend steiler; im unteren Teil asphaltiert.
Variante: Bei Punkt 1595 abzweigen und über Bort direkt nach Grindelwald (teilweise steiler Naturweg).

	3
	Grindelwald
	Bahn: Bern–Interlaken Ost–Grindelwald Strecken: 290/300/312
	Auto: A6 Interlaken–Grindelwald P im Grund bei Männlichenbahn
	24.4 km
	1034 m
	2–2 ½ Std.
	Juni–Oktober
	LK 5004 oder 1229
	Zwischen Bachläger und First gilt abwärts ein Bikefahrverbot. In der angegebenen Fahrtrichtung muss das Velo ohnehin gestossen und getragen werden (20 Minuten steiler Aufstieg, Velo tragen). Bikeverbote beachten!
	166/167

40 Bachalp–First

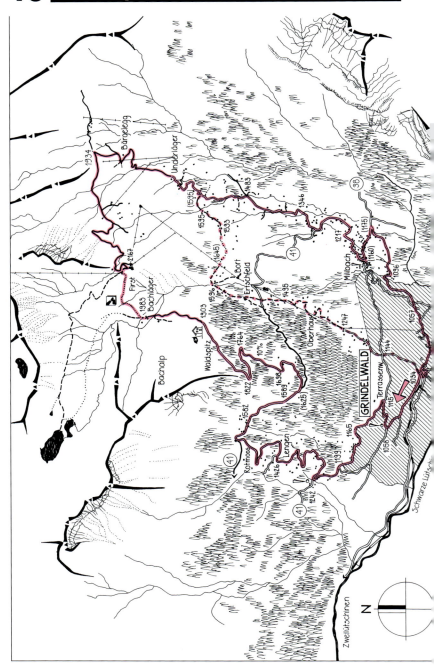

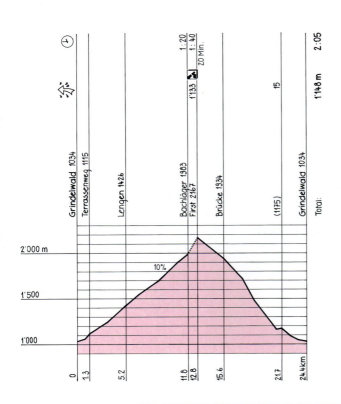

38 Grosse Scheidegg gegen Mättenberg, Kl. Schreckhorn

38 Grosse Scheidegg mit Wetterhorn

Grindelwald-Panorama **41**

Wer den Talkessel von Grindelwald mit seiner majestätischen Bergkulisse aus einer Fülle von Perspektiven und echter MTB-Atmosphäre erleben möchte, ist hier auf der richtigen Tour und zudem abseits der grossen Touristenströme. Kurz nach dem Start beginnt ein erster steiler Aufstieg, der stellvertretend für den längeren Abschnitt des zweiten Teils der Tour steht. Was die Aufstiege an Kraft abverlangen, erfordern die Talfahrten teilweise an Bremsleistung und fahrtechnischem Können. Diese Tour wird bei guter Sicht auf jeden Fall zu einem unvergesslichen Erlebnis.

▲	3
↗	Grindelwald; Station Schwendi
⇆	Bahn: Bern-Interlaken Ost–Grindelwald Strecken: 290/300/312
	Auto: A6 Interlaken–Grindelwald P im Grund bei Männlichenbahn
⊢⊣	32.6 km
⇞	1522 m
◷	3–3 ½ Std.
☀	Juni–Oktober
🗺	LK 5004 oder 1229
ℹ	Die Tour kann in 2 Etappen gefahren werden.
↪	170/171

41 Grindelwald-Panorama

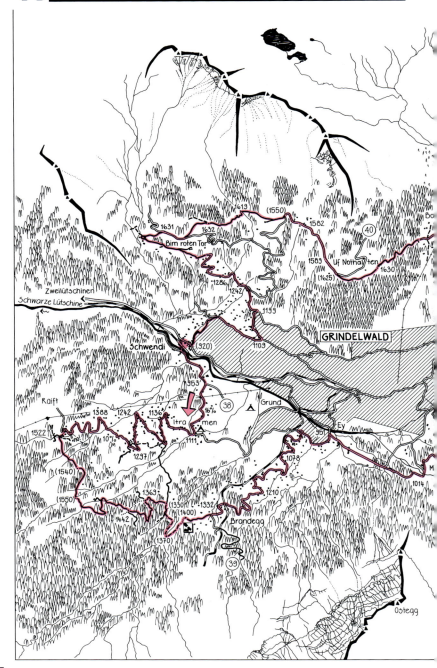

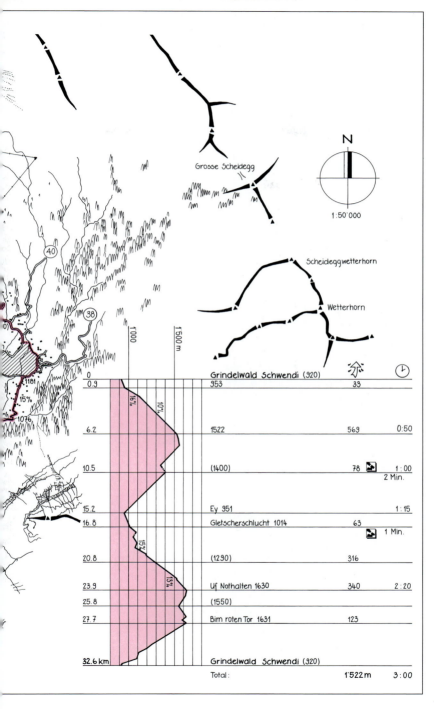

41 Itramen oberhalb Schwendi mit Reeti und Bussalp

Brienzersee 42

Eine kurze oder längere Rundtour, auf der Uferstrasse nach Iseltwald, den Brienzersee greifbar nahe, eine tolle Berg- und Talfahrt hoch über dem nördlichen Brienzerseeufer und alles auf besten Wegen! Einzelne kurze und schmale Wegstrecken (schieben) führen durch ein bis mehrere Gräben. Die Tour ist trotzdem auch für weniger geübte BikerInnen und Kids geeignet. Sie sollte jedoch nicht unmittelbar nach einem Gewitter oder bei Gewittergefahr angegangen werden, weil einzelne Wegabschnitte (Furten) möglicherweise durch reissende und Geröll führende Wildbäche abgeschnitten werden können. Das Burgseeli ist ein gemütlicher Badeplatz.
Die Tour kann mit dem oberen Teil des Brienzersees über Giessbach–Brienz–Ebligen verlängert werden (vgl. Nr. 44).

	1/2
	Interlaken Ost
	Bahn: Bern–Interlaken Ost Strecken: 290/300
	Auto: A6 Interlaken Ost P östlich Bahnhof
	22.6 / 41.2 km
	530 / 1107 m
	1 ½–2 / 3–3 ½ Std.
	April–Oktober
	LK 5004 oder 1208+1209
	Brienzersee Schiffsbetrieb Iseltwald–Oberried, Iseltwald ab gemäss saisonalem Fahrplan.
	174/175 + 182/183

42 Brienzersee

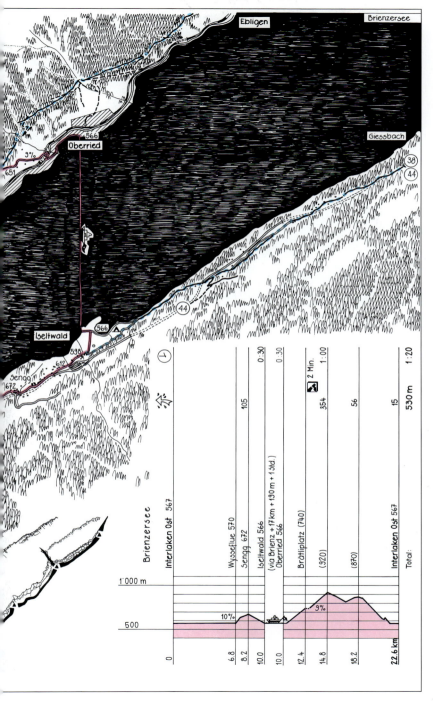

35 Grüenebergpass gegen Eriz

47 Bei Käserstatt mit Ritzlihorn

Alpenregion–Brienz/Meiringen/Hasliberg

Tour 43	Hinterburg	
Tour 44	Geieggen–Bauwald	
Tour 45	Brüniger Älpeli	
Tour 46	Wandelalp	
Tour 47	Hasliberg	
Tour 48	Gibel	
Tour 49	Gental–Engstlenalp	
Tour 50	Understock–Guttannen	

43 Hinterburg

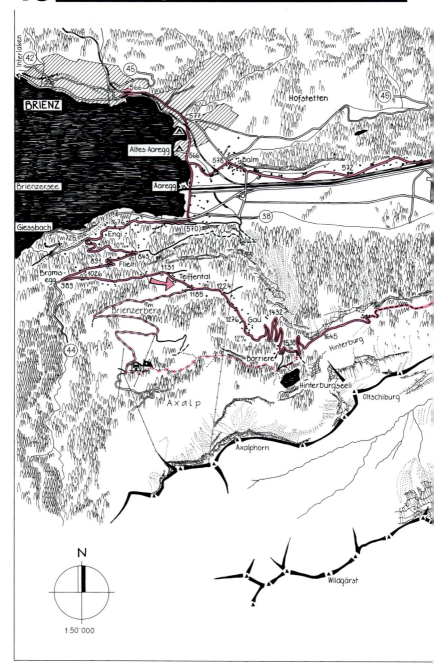

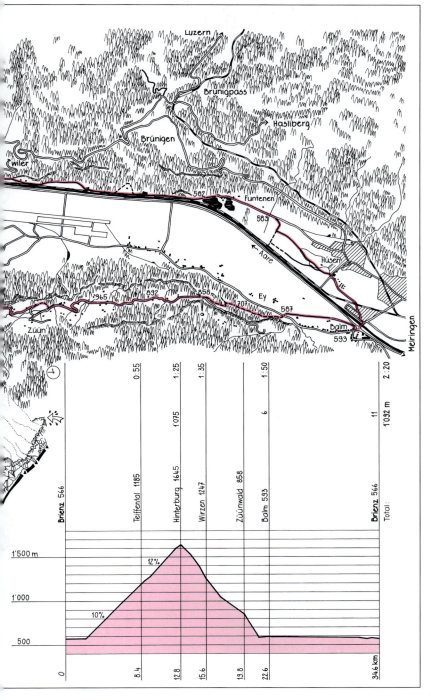

43 | Hinterburg

Landschaftlich reizvolle und abwechslungsreiche Rundtour mit angenehm steilem Aufstieg und langer interessanter Talfahrt. Die Bergfahrt bis Bramisegg weist etwas Autofahrverkehr auf. Die Talfahrt von Uf der Flue bis Wirzen führt über einen teilweise ruppigen Fussweg, der bis auf wenige kleine Abschnitte mit etwas Geschick befahrbar ist. Der grosse Rest ist Genuss. Die Rückfahrt entlang der jungen Aare ist oft von Wind begleitet. Mit Föhn im Rücken sind die letzten 11 km rasch zurückgelegt.
Als Variante bietet sich (nicht zu empfehlen an Wochenenden) der Weg über die Axalp zum Hinterburgseeli an (Wanderweg Axalp SAW–Hinterburgseeli kurze Abschnitte stossen).

▲	2
↗	Brienz
⇢	Bahn: Bern-Interlaken Ost–Brienz Strecken: 290/300/470
	Auto: A6 bis Brienz P am oberen Seeende und beim Camping Aaregg
⟷	34.6 km
⇞	1092 m
◔	2 ¼–2 ¾ Std.
	Juni–Oktober
	LK 5004 oder 1209+1210
	Bademöglichkeit im Funtenensee.
	178/179

Geieggen–Bauwald 44

Diese Rundtour bietet vom Bikevergnügen wie von der Landschaft fast alles, was zu wünschen ist. Zu Beginn gemütliches und genussvolles Biken entlang dem Brienzersee, dann einen ersten kurzen und steilen Aufstieg nach Isch, wobei das letzte Stück über eine fast weglose Wiese führt (Wanderweg den Strommasten entlang). Nun folgt ein langer und gleichmässiger Aufstieg, der nach einem 200 m langen Tunnel mit dem Erreichen des Bergziels endet. Die Talfahrt beginnt mit einem Ritt über holpriges Alpgelände und führt in ein längeres urwaldähnliches Tragestück, das bei der Staatshütte dank Sturmschäden in eine ebenso interessante Pionierlandschaft mit sehr guter Naturstrasse übergeht. Von landschaftlich besonderer Schönheit ist der Weg durch die Giessbachschlucht. Das letzte Abfahrtsstück durch die Wychelflue ist fahrtechnisch anspruchsvoll und ist begleitet von eindrucksvoller Wegbaukunst vergangener Zeiten.

	3
	Brienz
	Bahn: Bern–Interlaken Ost-Brienz Strecken: 290/300/470
	Auto: A6 bis Brienz P am oberen Seeende und beim Camping Aaregg
	32.7 km
	1186 m
	2 ¾–3 ¼ Std.
	Juni–Oktober
	LK 5004 oder 1209
	Beleuchtung für Tunnel empfehlenswert. Variante: Über Iseltwald–Sengg nach Muoschbach (fahrtechnisch einfacher und leichter auffindbar).
	182/183

44 Geieggen–Bauwald

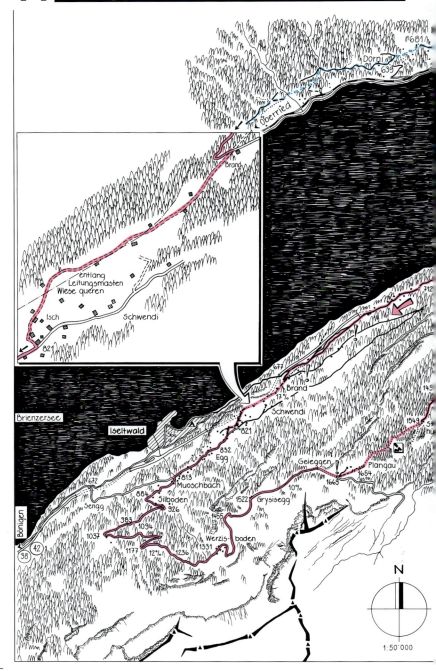

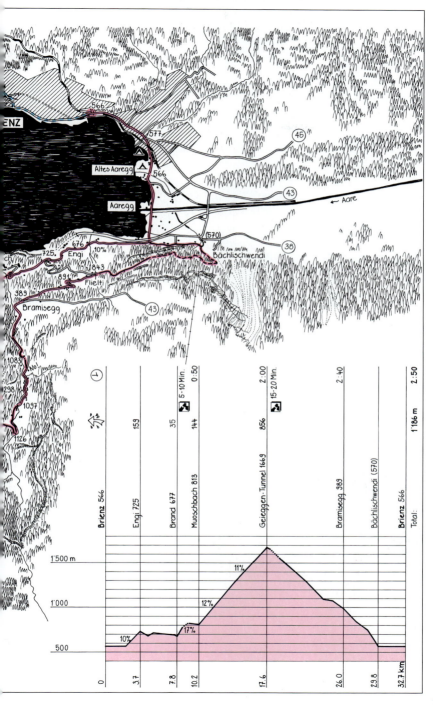

46 Gyrensprung auf Chaltenbrunnen (Bikefahrverbot)

49 Baumgarten über dem Gental

Brüniger Älpeli — 45

Diese Rundtour führt am Freilichtmuseum Ballenberg vorbei durch eine zu unrecht kaum bekannte Gegend und benützt in Brienzwiler bei der Berg- und Talfahrt auf einem Kilometer die alte Kantonsstrasse. Bei dieser Tour ist der Weg das Ziel mit immer neuen Überraschungen und Ausblicken auf die gegenüberliegende Bergkette mit den Touren »Hinterburg« und »Wandelalp«. Erstaunlich ist die Wegpassage durch die beinahe geschlossenen Felsen hinauf zum Tschingelwald. Ebenso interessant sind die Wege durch die kraterartige Landschaft des Schäriwalds und des Brüniger Älpelis angelegt. Die Talfahrt folgt über ca. 3.5 km der Passstrasse, auf der annähernd die Geschwindigkeit der Autos erreicht wird.

	2
	Brienz
	Bahn: Bern–Interlaken Ost–Brienz Strecken: 290/300/470
	Auto: A6 bis Brienz P am oberen Seeende, beim Camping und bei der Brienzer Rothorn Bahn
	28.2 km
	1085 m
	2–2 ½ Std.
	Mai–Oktober
	LK 254 oder 1209
	Durchwegs gute Wege. Teilweise steile Abfahrt vom Brüniger Älpeli zum Brünnigpass.
	186/187

45 Brüniger Älpeli

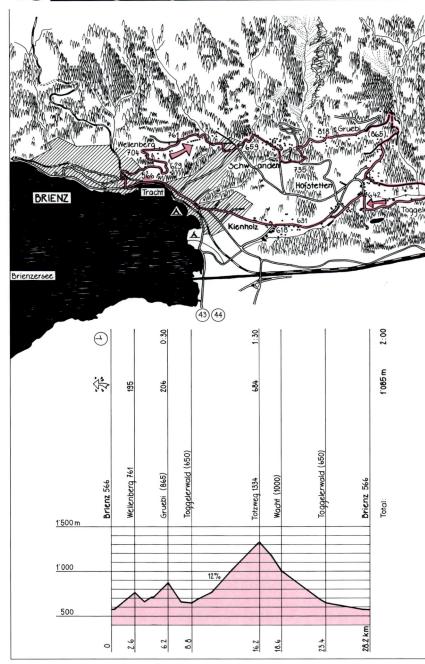

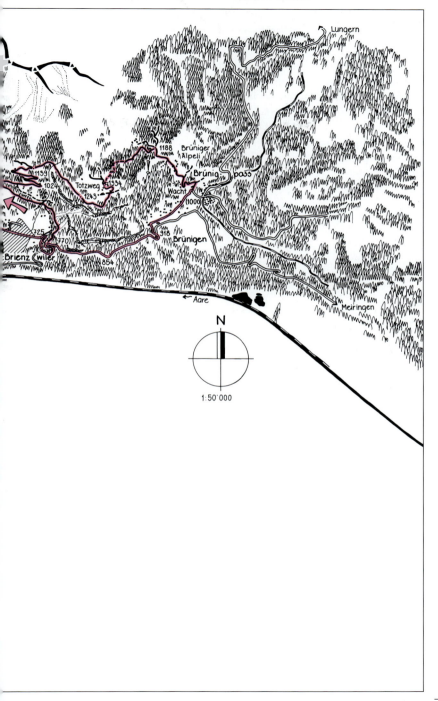

46 Wandelalp

Diese landschaftlich einmalige Rundtour führt über das Hochmoor von Chaltenbrunnen mit der bizarren Bergkulisse der Engelhörner und mit einem unvergleichbaren Panoramarundblick vom Brünig bis zum Sustenpass. Der Aufstieg ist anhaltend streng und bietet zum Schluss eine (fahrbare) Herausforderung. Die Talfahrt beginnt am Ende der Fusswegstrecke ausserhalb des Naturschutzgebietes mit einem schönen Downhill und anschliessend einer langen und interessanten Fahrt über Falchern (Tunnelstrecke; keine Beleuchtung erforderlich). Fast kein Autoverkehr ausser auf dem kurzen Abschnitt der Rosenlauistrasse.

▲	3
↗	Meiringen
🚉	Bahn: Bern–Interlaken Ost–Meiringen Strecken: 290/300/470 Auto: A6 über Brienz–Meiringen P östlich Bahnhof
↔	30.8 km
⬆	1302 m
⏱	2 ¾–3 ¼ Std.
☀	Juni–Oktober
🗺	LK 5004 oder 1209+1210
ℹ	Im Naturschutzgebiet Chaltenbrunnenried gilt absolutes Velofahrverbot; hier ist kein Platz für Experimente! Das Velo ca. 20 Minuten stossen, resp. tragen; es gibt noch genügend interessante Abfahrtsstrecken. Den Weg nicht verlassen.
↬	189

Wandelalp 46

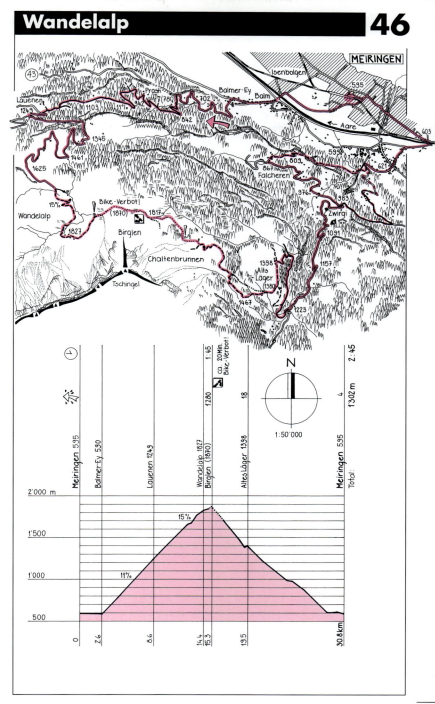

47 Hasliberg

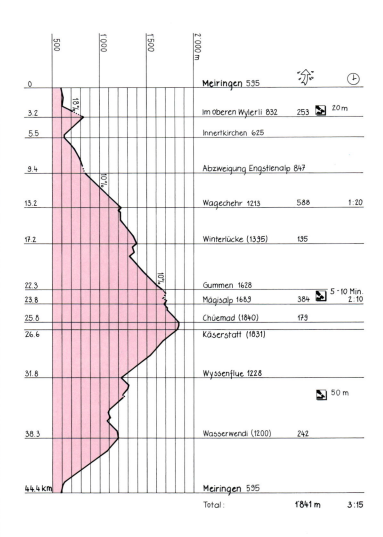

km	Location	m	Time
0	Meiringen 595		
3.2	Im Oberen Wylerli 832	253 — 20 m	
5.5	Innertkirchen 625		
9.4	Abzweigung Engstlenalp 847		
13.2	Wagechehr 1213	588	1:20
17.2	Winterlücke (1395)	195	
22.3	Gummen 1628		5-10 Min.
23.8	Mägisalp 1689	384	2:10
25.8	Chüemad (1840)	179	
26.6	Käserstatt (1831)		
31.8	Wyssenflue 1228		
		50 m	
38.3	Wasserwendi (1200)	242	
44.4 km	Meiringen 595		
	Total:	1'841 m	3:15

Hasliberg 47

Diese grossartige Rundtour ist fahrtechnisch nicht schwierig, erfordert aber mit über 1800 Höhenmetern viel Kondition. Sie eröffnet unerahnte Sichten und Blickwinkel ins Oberhasli mit einer reichen Vegetation von Trockenrasen oberhalb Wylerli bis zum Hochmoor unterhalb Balisalp. Interessant sind die meisten Wegabschnitte: gleich nach Meiringen beginnt ein steiler Weg nach Wylerli mit anschliessend einer ersten Talfahrt. Die zweite Steigung folgt der alten Sustenpass-Strasse über Wyler und weiter entlang einem schönen Güterweg über Schwendi bis zur Abzweigung ins Gental (kurzes Stück matschig), ev. besser bis EW Hopflouenen und 400 m zurück. Besondere Leckerbissen bieten der Murmeliweg von Mägisalp nach Käserstatt, der Abstecher um die Tschorrenflue und die Talfahrt mit vielen engen Kurven nach Meiringen.

▲	3
↗	Meiringen
➡	Bahn: Bern–Interlaken Ost–Meiringen Strecken: 290/300/470
	Auto: A6 über Brienz–Meiringen P östlich Bahnhof
⟷	44.4 km
⇧	1841 m
◔	3 ½ – 4 ½ Std.
☀	Juni–Oktober
🗺	LK 254+255 oder 1209+1210
ℹ	Variante für ausserhalb der Saison: von Bidmi über Gummen nach Mägisalp (Muggenstutzweg, viel und mit Kindern begangen!)
↪	192/193

47 Hasliberg

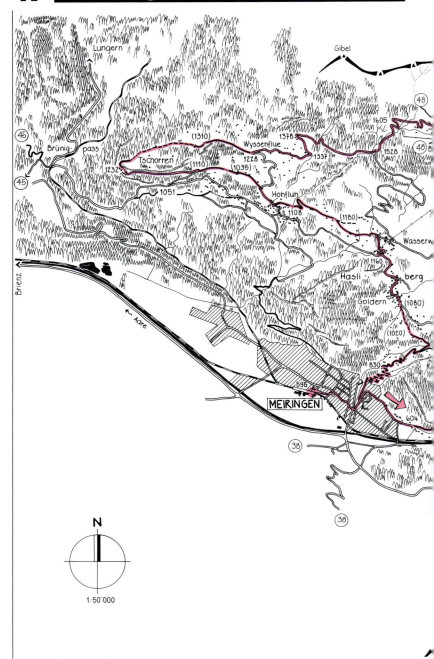

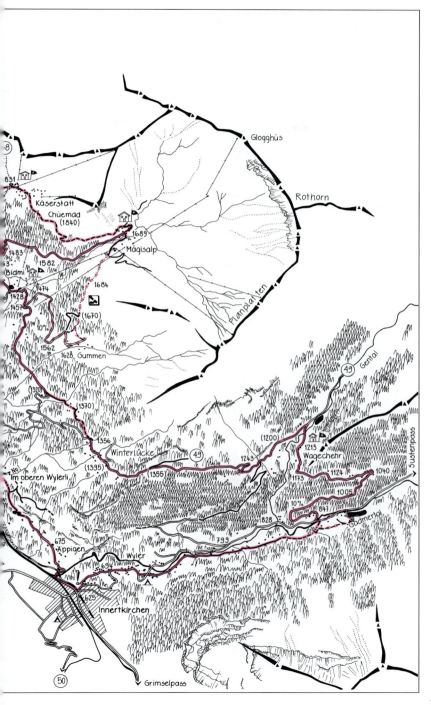

44 Giessbachschlucht

Gibel 48

Der Bike-Fahrt auf den Gibel mit einem kleinen Abstecher ins obwaldnische Feldmoos ist dank einem gut ausgebauten Wanderweg zwischen Käserstatt und Gibel möglich. Dieser Weg knapp unterhalb der Krete bietet einen unvergleichbaren Ausblick in die Berner Hochalpen und die Engelhörner. Diese Tour kombiniert verschiedene Abschnitte anderer Touren am Hasliberg. Trotzdem bietet sie viel Neues, namentlich den Gipfel des Gibels, ein grandioser Aussichtsberg, der bei Nordstaulagen oft das Nebelfall-Schauspiel am Brünig aufführen lässt. Sie bietet durch diverse Abfahrten auch technisch ambitionierten BikerInnen einiges und vor allem viel Abwechslung.

▲	3
↗	Hasliberg Wasserwendi oder Reuti
🚊	Bahn: Bern–Interlaken Ost-Meiringen–Luftseilbahn nach Reuti Strecken: 290/300/470 Auto: A6 über Brienz-Meiringen–Hasliberg P Parkhaus Twing
⟷	30.5 km
⬆	1645 m
⏱	3 ½–4 Std.
☀	Juni–Oktober
🗺	LK 255 oder 1210
ℹ	Variante Start/Ziel Meiringen: Strecke Meiringen–Hasliberg Reuti anstrengend fahrbar oder mit Luftseilbahn (vgl. Nr. 49).
↪	196/197

48 Gibel

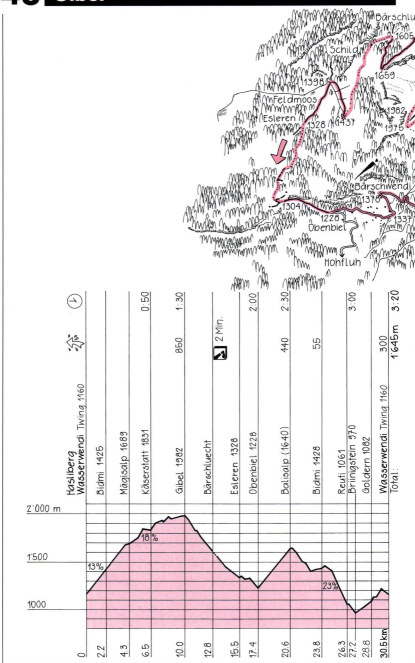

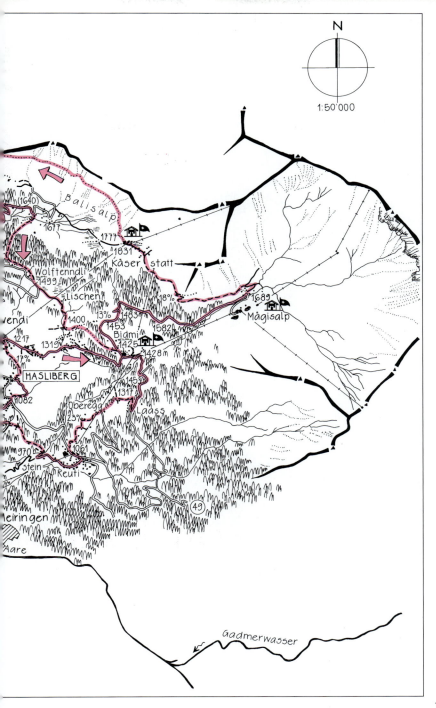

49 Hundschipfi mit Ränfen- und Hangendgletscherhorn

49 Baumgarten mit Rotsandnollen/Graustock

Gental–Engstlenalp 49

Das Gental mit seinen schroffen und steilen Talflanken bietet wohl das komplette Bike-Erlebnis für KönnerInnen mit entsprechender Kondition. Nach dem Aufstieg auf den Hasliberg, einer ersten Abfahrt zur Hundschipfi und der gleichmässig steilen asphaltierten Strasse durchs Gental öffnet sich auf der Engstlenalp ein Bijou von einer Kulturlandschaft. Die Talfahrt in der Bergflanke zwischen Engstlenalp und Hinderarni (ca. 6 km) verlangt Bike-Beherrschung und Vernunft: Abschüssige Platten etc. könnten zum bösen Sturz führen (Absteigen reduziert das Unfallrisiko)!
In der ersten Auflage ist die Tour in umgekehrter Fahrtrichtung mit dem Weg über die Hundschipfi empfohlen, einem ausgesetzten Teilstück, das über der Aareschlucht mit abschüssigen Felspartien auf schmalen Wegen nach Wylerli führt. Diese Variante kann immer noch gefahren werden.

	4
	Meiringen
	Bahn: Bern-Interlaken Ost–Meiringen Strecken: 290/300/470 Auto: A6 über Brienz–Meiringen P östlich Bahnhof
	47 km
	1680 m
	5–6 ½ Std.
	Juni–Oktober
	LK 255 oder 1210
	Unterbrechungsmöglichkeit im schwierigen Teil nach Baumgarten. Verlad mit Luftseilbahn nach Reuti möglich.
	200–203

49 Gental–Engstlenalp

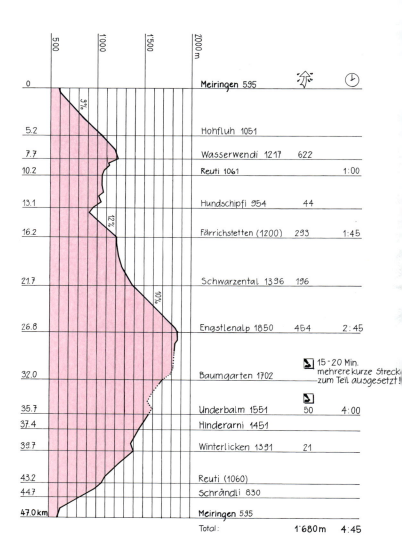

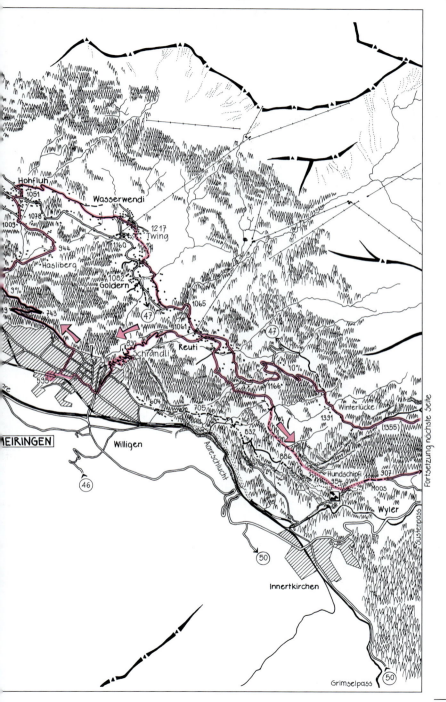

49 Gental–Engstlenalp

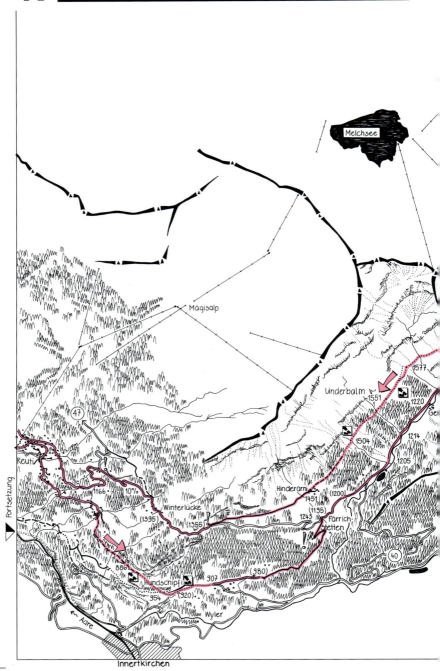

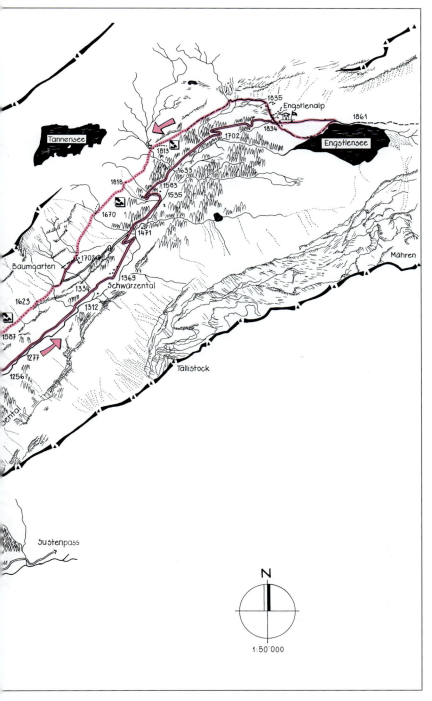

49 Zwischen Winterlücke und Hinderarni mit Urbachtal

Understock–Guttannen 50

Ein Blick ins Urbachtal und ein Aufstieg abseits der stark befahrenen Grimselpass-Strasse werden unvergessliche Eindrücke einer unwirtlichen und trotzdem liebevoll gepflegten Kulturlandschaft mit prächtigen Häusern hinterlassen. Die Weiterfahrt Richtung Grimselpass ist für BikerInnen wenig lohnend, hingegen ein Abstecher ins hintere Urbachtal, dessen steile Wände fast bedrohlich wirken. Die Tour bietet überdies ein paar steile Aufstiege und eine Tempotalfahrt auf der Grimselpass-Strasse.

▲	2
📍	Meiringen
🚆	Bahn: Bern–Interlaken Ost–Meiringen Strecken: 290/300/470
	Auto: A6 über Brienz–Meiringen P östlich Bahnhof
📏	36.2 km
⬆	1045 m
🕐	2 ¼–2 ¾ Std.
📅	Mai–Oktober; bis gegen Ende Juni wenig Autoverkehr
🗺	LK 255 oder 1210+1230
ℹ	Ca. 11 km auf Hauptstrasse. Lohnend ist die Talfahrt vom Wendepunkt Tschingelmad bis Boden auf dem gleichen Weg (alte Grimselstrasse, plus 15 Min.).
	206/207

50 Understock–Guttannen

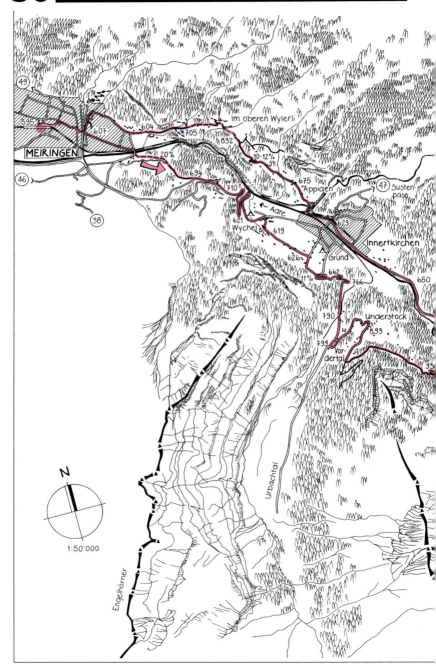

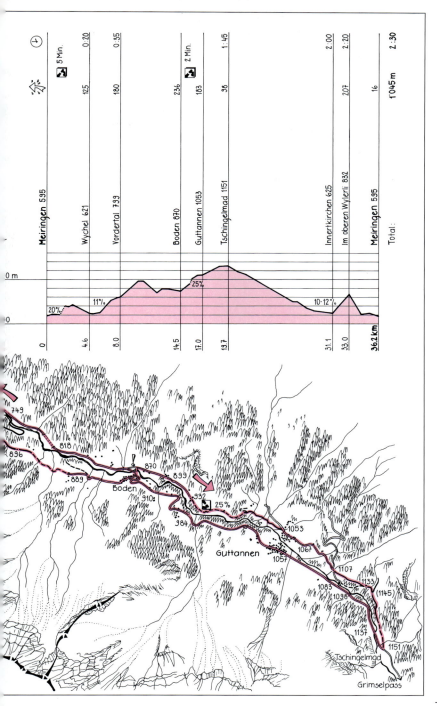